मुसलमानों की घर वापसी क्यों और कैसे?

शंकर शरण

अक्षय प्रकाशन
नई दिल्ली

प्रथम संस्करण : 2020

पुनर्मुद्रण : 2023, 2024, 2026

ISBN : 978-81-88643-74-5

हरीशचन्द्र द्वारा प्रकाशित एवं मुद्रित
अक्षय प्रकाशन
208 एम.जी. हाउस, 2 कम्यूनिटी सेंटर
वजीरपुर इंडस्ट्रियल एरिया
दिल्ली - 110 052

मोबाइल : 98184 52269

टेलीफोन : 011-4161 0957

ई-मेल : harish@akshayaprakashan.com

वेबसाइट : www.akshayaprakashan.com

भारत में मुद्रित

स्वयं मुसलमान ही इस्लाम द्वारा पीड़ित सर्वप्रथम लोग हैं। प्राच्य देशों में घूमते हुए मैंने प्रायः देखा कि बहुत थोड़े खतरनाक लोगों में वह कट्टरता है जो औरों को डरा-धमका कर मजहबी व्यवहार कायम रखते हैं। मुस्लिमों को उन के मजहब के आतंक से मुक्त कराना ही उन की सब से बड़ी सेवा हो सकती है।

— अर्न्स्ट रेनाँ (1823-1892)

विषय सूची

भूमिका

प्रायः बूढ़े आदमी की जीवन-शक्ति कम होती है, और समय बीतने के साथ कमतर होती जाती है। परन्तु धर्म-विचारों में सब से पुराना सनातन धर्म आज भी सब से जीवंत है। अपनी निंदा-आलोचना से बेफिक्र, दुनिया भर के लाखों-लाख विचारवान लोगों के लिए आशा का दीपक, और बिना भेद-भाव के संपूर्ण मानवता को मूल्यवान (वेदान्त, योग, आयुर्वेद, आदि) देते रहने में सदा धनवान-बलवान प्रतीत होता है।

नोट करें कि सभी धर्मों की तुलना में इस्लाम सब से युवा है। किन्तु वही सब से अधिक नाजुक, कमजोर लगता है। उस का विचार-तंत्र इतना भुरभुरा है कि अपने अनुयायी के भी एक मामूली प्रश्न से बौखला कर उसे, और जिस किसी को मारने दौड़ता है। सदैव बात-बात पर आपत्ति करना, सब को धमकाता, सब से नाराज होता रहता है।

अस्त्र-शस्त्र का उत्तर अस्त्र-शस्त्र से देना तो उचित है, लेकिन विचारों का उत्तर तो विचारों से ही हो सकता है। किसी विचार, किसी लेख-कविता या पुस्तक के उत्तर में तलवार निकालना मजबूती नहीं, कमजोरी की निशानी है। किन्तु अरब से लेकर यूरोप, एशिया, अफ्रीका तक, हर कहीं इस्लामी नेता और संगठन सरल, संयत वैचारिक संघर्ष से बचते हैं। सदैव इसे हिंसा से दबाने की कोशिश करते हैं। सदियों से, बल्कि आरंभ से ही इस में कोई बदलाव नहीं आया है। स्वयं प्रोफेट मुहम्मद ने अपने विचारों पर किसी के प्रतिवाद, संदेह का यही उत्तर दिया था।

तब क्या इस्लाम कागजी शेर नहीं है? एक दुर्बल, भयभीत मतवाद, जो केवल धमकी, हिंसा, छल-कपट, अनुचित रूप से उठाई जा रही विशेष सुविधाओं, अनुचित-असमान नियमों के बल से चल रहा है। ऐसा मत-विश्वास कितने दिन चलता रह सकता है? यह एक बुनियादी प्रश्न है, जिस से भारत और वर्तमान विश्व की कई समस्याएं जुड़ी हुई हैं।

दुर्भाग्यवश, इस प्रश्न को भारतीय मुसलमानों के बीच रखने के बदले उन्हें

राजनीतिक मतवादों में उलझाए रखा जाता है। उदाहरण के लिए, भारत के साथ जम्मू-कश्मीर के पूर्ण एकीकरण, या नागरिकता संशोधन कानून के विरोध में उन्हें उठाया जाता है। लेकिन कश्मीर का विषय ऐसे रखा जाता है, मानो यह मात्र 67 वर्ष पहले से चल रहा मामला हो। कश्मीर तो हजारों वर्ष पुराना क्षेत्र और संस्कृति है। क्या उस हजारों वर्ष के इतिहास से यहाँ मुसलमानों का कोई संबंध नहीं? यहाँ सारी चर्चा राजनीतिक इस्लाम, और उस का वर्चस्व बनाए रखने की दृष्टि से की जाती है। मानो वह तो स्वयंसिद्ध हो, जिस पर प्रश्न उठाना ही अनुचित हो। यही कारण है कि यहाँ हिन्दू ही नहीं, मुसलमान भी भ्रमित और बंदिशों में फँसे रहते हैं। इस से किसी का भला नहीं हुआ है।

सौभाग्यवश, आज दुनिया में एक दूसरी प्रक्रिया भी चल रही है। मुस्लिम जगत में विवेकशील पुनर्विचार भी चल रहा है। कोएनराड एल्स्ट के शब्दों में, बाहरी भौतिक रूप में अभी मुस्लिम आबादी, संगठन, संस्थान, आदि बढ़ रहे हैं। किन्तु मुसलमानों के आंतरिक मनोजगत में दुविधा और संदेह भी बढ़ रहे हैं। इन दो प्रक्रियाओं के बीच प्रतियोगिता-सी चल रही है। जिम्मी (इस्लाम के सहयोगी गैर-मुसलमान), जिन्हें भारत में सेक्यूलर-वामपंथी-गाँधीवादी आदि भी कहा जाता है, वे लोग पहली प्रक्रिया को मदद दे रहे हैं। जबकि विवेकशील लोग दूसरी प्रक्रिया को। इस प्रतियोगिता के अंतिम परिणाम पर सस्पेंस जरूर है, किन्तु कोई भय नहीं।

आखिर यह बात देखने से मुसलमान कैसे बच सकते हैं कि हिन्दू लोग भी आप्रवासी के रूप में सारी दुनिया में विभिन्न समुदायों के साथ रहते हैं। लेकिन उन के साथ किसी समुदाय के झगड़े का कहीं से कोई समाचार नहीं आता? जबकि मुसलमानों का हर कहीं, हर समुदाय के साथ झगड़ा है। इतना ही नहीं, जहाँ दूसरे समुदाय नहीं हैं, वहाँ उन की दूसरे मुसलमानों से वैसी ही हिंसक लड़ाई है। ऐसा क्यों? इस पर स्वयं असंख्य मुसलमानों का ध्यान गया है। क्या उन के मजहबी मतवाद में ही कोई चीज है जो इस हालत का कारण है... ? प्रसिद्ध लेखक सलमान रुशदी ने कई वर्ष पहले यह प्रश्न भी उठाया था।

सर्वविदित रूप से इस्लामी सिद्धांत के दो भाग हैं—ईश्वर संबंधी और राजनीति संबंधी। ईश्वर संबंधी विचार इस्लाम का छोटा हिस्सा है, लगभग 14 प्रतिशत, जिस में अल्लाह, अखीरत, और जन्नत-जहन्नुम की धारणाएं हैं। किन्तु इस्लामी मत का बड़ा भाग राजनीतिक है, जिस से शरीयत, काफिर, जिहाद, जजिया, जिम्मी, आदि धारणाएं संबंधित हैं। इस राजनीतिक इस्लाम का

मूल आधार दूसरों, यानी गैर-मुस्लिमों ('काफिरों') को बर्दाश्त नहीं करना है। उदाहरण के लिए, कुरान (2 : 216) मूर्तिपूजक धर्म को हत्या से भी गर्हित पाप बताता है। इस प्रकार मुसलमानों को हिन्दू, बौद्ध, जैन, आदि लोगों को सर्वाधिक घृणित पापी मानना सिखाता है। कुल मिलाकर कुरान में 111 आयतें जिहाद को समर्पित हैं। फिर, सीरा (प्रोफेट मुहम्मद की जीवनी) में 67% शब्द जिहाद से संबंधित हैं। हदीस (प्रोफेट मुहम्मद के वचन और कार्य) में 21% सामग्री जिहाद के बारे में हैं। कुछ लोग जिहाद को मुख्यतः 'आत्म-सुधार' कहते हैं। किन्तु संपूर्ण इस्लामी शास्त्र (सीरा + कुरान + हदीस) में यह नगण्य-सा हिस्सा है। हदीसों में जिहाद संबंधित 98% विवरण सशस्त्र-हिंसा से संबंधित हैं। सुन्ना (सीरा और हदीस) और कुरान में बार-बार दुहराई गई बात है कि दूसरों से इस्लाम कबूल करवाओ, यहूदियों-क्रिश्चियनों को जिम्मी बना कर हीन अपमानित हालत में रखो, उन से जजिया टैक्स लो, उन्हें भगाओ या मार डालो।

इस प्रकार, राजनीतिक इस्लाम मुख्यतः काफिरों (गैर-मुसलमानों) के प्रति व्यवहार है। इस का सिद्धांत-व्यवहार काफिरों के विरुद्ध नितांत असहिष्णुता और हिंसा से भरा है। यही सारी दुनिया में उस का वास्तविक इतिहास भी रहा है, जो पिछले चौदह सौ वर्षों के मुस्लिम साहित्य में ही खुल कर एक समान मिलता है। चूँकि उस मूल सिद्धांत-व्यवहार को इस्लामी ईमाम, आलिम-उलेमा आज भी पूर्णतः सही और यथावत् अनुकरणीय मानते हैं, इसलिए उस के नतीजों का हिसाब करना चाहिए। विशेषकर काफिरों को! यह उन का अधिकार ही नहीं, कर्तव्य भी है।

लेकिन राजनीतिक इस्लाम के सिद्धांत-व्यवहार से आज तक हुए, और अभी भी हो रहे परिणामों पर मुसलमानों को भी सोचना ही होगा। इस ने काफिरों को ही नहीं, मुसलमानों को भी प्रभावित किया है। अन्यथा उन के अपने, मुस्लिम समाजों की अशान्ति की मूल वजह पर पर्दा पड़ा रहेगा। इस बात पर कि राजनीतिक इस्लाम और संपूर्ण मानव-समाज, जीव-जगत, एवं ब्रह्मांड की ठोस सचाई के बीच ताल-मेल न है, न हो सकता है। इस के सिवा मुस्लिम अशान्ति के बाकी सारे कारण कम महत्वपूर्ण हैं।

इस समस्या का समाधान सैनिक तरीके से नहीं, बल्कि शिक्षा में है। ध्यान दें, कुरान में असंख्य बार कई प्रसंगों में 'प्रमाण', 'स्पष्ट प्रमाण', की बातें की गई हैं। अतः मुसलमान किसी विचार-बिन्दु, विषय में प्रमाण, सबूत, एविडेंस के महत्व से परिचित हैं। केवल उन्हें प्रमाण वाली कसौटी को उन विचारों, कानूनों, विवरणों, दलीलों पर भी लागू करके देखने की जरूरत है जिन्हें वे

अधिकांश स्वतः-प्रामाणिक मानते रहे हैं। उदाहरण के लिए, मूर्तिपूजकों को घृणित समझना; इस्लाम से पहले या बाहर के मानव-समाजों को मूर्ख मानना; जीने के बदले मरने को अधिक महत्वपूर्ण मानकर 'जन्नत' पाने के लिए हर तरह के चित्र-विचित्र काम करना; जिहाद को सब से बड़ा कर्तव्य समझना; स्त्रियों को वस्तु-संपत्ति मात्र भोग रूप में देखना; मनुष्य को गुलाम बनाकर बेचना-खरीदना; आदि मान्यताओं को विवेक से देखने की जरूरत है। ये मान्यताएं कोई ईश्वरीय देन या 'सर्वकालिक सत्य' नहीं हैं, इन की परीक्षा की जानी चाहिए और इस के लिए शिक्षा दी जानी चाहिए।

उन मान्यताओं की परीक्षा करने पर राजनीतिक इस्लाम सचमुच एक कागजी शेर ही प्रतीत होता है। उस के लिए अपनी मान्यताओं का बचाव तथ्य, तर्क, और विवेक से करना प्रायः असंभव होता है। मुसलमानों की आबादी दुनिया में जरूर बढ़ रही है, वोट-राजनीति की कमजोरियों का लाभ उठाकर वे जहाँ-तहाँ अनेक अनुचित सुविधाएं, विशेषाधिकार भी ले रहे हैं। लेकिन यह सब उन के मतवाद की आंतरिक दुर्बलता को सहारा नहीं दे सकते। वह दुर्बलता सर्वाधिक धनवान मुस्लिम देशों को भी अपने बल पर खड़े होने में बाधा दे रही है। इस्लामी संस्कृति आधुनिक विश्व की जरूरतों के साथ ताल-मेल कर पाने में विफल है। अतः समय के साथ मुसलमान अपनी दुर्बलता का मूल स्रोत पहचान ही लेंगे।

तब मुसलमान स्वयं ही उन इस्लामी विश्वासों पर प्रश्न उठाएंगे, जिन्हें वे 'सर्वकालिक सत्य' मानते रहे हैं। यह लंबे समय से, स्वयं प्रोफेट मुहम्मद के समय से ही हो रहा है। उन विश्वासों की रक्षा तलवार के बल से ही होती रही है। प्रश्न पूछने वालों का सिर काटकर। लेकिन वह एक छोटे से दायरे में, या सदियों पहले ही संभव था। किन्तु आधुनिक, अंतःसंबंधित, परस्पर निर्भर, साइंस और टेकनॉलोजी की शक्ति से संपन्न, और संपूर्ण विश्व के महान ज्ञान-ग्रंथों की सार्वभौमिक, निःशुल्क उपलब्धता के समय में सिर काट कर संदेहों का शमन करना असंभव हो चुका है।

आज भी कुछ संदेही, प्रश्नकर्ता अवश्य मारे जा सकते हैं, किन्तु उस से वे प्रश्न और भी बलपूर्वक उभरेंगे। उदाहरणस्वरूप, सलमान रुश्दी पर मौत के फतवे या *शार्ली अब्दो* के पत्रकारों की हत्याओं के बावजूद अब यूरोप, अमेरिका और अरब में भी 'इस्लामी आतंकवाद' का उल्लेख होने लगा है, जो पहले प्रतिबंधित जैसा था। ठीक सऊदी अरब में, 40 से अधिक मुस्लिम देशों के राष्ट्राध्यक्षों के बीच, अमेरिकी राष्ट्रपति ने 'इस्लामी आतंकवाद' को धरती से

खत्म करने की बात की। जिस का किसी मुस्लिम राष्ट्राध्यक्ष ने प्रतिवाद तक नहीं किया। पंद्रह वर्ष पहले तक ऐसे शब्द के उच्चारण पर ही 'इस्लाम का अपमान' करने का आरोप लगाकर तरह-तरह से हिंसक आक्रोश प्रदर्शन होता था।

अब मुख्यधारा के यूरोपीय राजनीतिज्ञ इस्लाम को 'एक पिछड़ा हुआ धर्म' (बैकवर्ड रिलीजियन) कहने लगे हैं। इस पर विचार करने में इस्लाम के सार-स्वरूप को छोड़कर, उस के प्रभाव को देख लेना पर्याप्त है। इस्लामी मतवाद पर चलने से किसी भी देश का सामाजिक-आर्थिक-सांस्कृतिक जीवन पिछड़ता है। अर्थात् इस्लाम पिछड़ेपन का कारक बन जाता है।

संयुक्त राष्ट्र की अनेक रिपोर्टों में नोट किया गया है कि अरब देशों में प्राकृतिक तेल-संपदा का भरपूर धन होने के बावजूद वे जीवन के हर क्षेत्र में बेहद पिछड़े हुए हैं। नये उद्योग-धंधे, शोध-अध्ययन, आविष्कार, नई पुस्तकों का लेखन, पुस्तकों की बिक्री, विदेशी पुस्तकों का अनुवाद-अध्ययन, आदि हर मानक पर धनी से धनी अरब देश सब से पिछड़े हुए मिलते हैं।

हजार वर्ष पहले भी इसी बात के प्रमाण मिलते हैं। जब अरब क्षेत्र में इस्लामी विचारों की पकड़ संपूर्ण नहीं हुई थी, तथा पहले के ज्ञान-विज्ञान और यहूदी-क्रिश्चियन विशेषज्ञों का उपयोग होता रहा था, तभी तक नए मुस्लिम शासकों के अधीन भी कुछ उन्नति-प्रगति होती रही। लेकिन जैसे ही इस्लाम ने सर्वाधिकार स्थापित कर लिया, अपने शासन में यहूदियों-क्रिश्चियनों को पूरी तरह खत्म कर डाला, उस के बाद वहाँ हजार सालों तक ज्ञान-विज्ञान में अंधकार छा गया। समाज पूरी तरह ठहराव का शिकार हो गया। जिस से वह आज भी नहीं निकल सका है।

इस परिघटना का एक नया उदाहरण पाकिस्तान भी है। मुस्लिम शासन के अलावा वहाँ भारत से कोई भिन्नता नहीं, क्योंकि आठ दशक पहले यह भारत ही था। किन्तु इस्लामी वर्चस्व होते ही वह भारत की तुलना में हर क्षेत्र में पिछड़ता चला गया, जबकि उस के पास पंजाब, बंगाल और सिंध जैसे समृद्ध प्रांत और परंपरा थी। उतने मानवीय व प्राकृतिक साधन-संसाधन कोरिया, जापान, इजराइल जैसे प्रसिद्ध देशों के पास नहीं हैं, जितने पाकिस्तान के पास हैं। उसी तरह, मलेशिया और संयुक्त अरब अमीरात भी भिन्न प्रकार के उदाहरण हैं। जिस हद तक इन देशों ने गैर-मुसलमानों और गैर-इस्लामी जीवन रीतियों को छूट दे रखी है, उस हद तक वे उद्योग-व्यापार, ज्ञान-विज्ञान का लाभ उठा रहे हैं। अर्थात्, पूर्ण इस्लामी वर्चस्व का दूसरा अर्थ है : बौद्धिक-आर्थिक

विकास का ठप हो जाना। उस के बदले मुसलमानों को क्या मिलता है? यह उन के स्वयं सोचने-विचारने और तुलना करने का विषय है।

अरब देशों में तेल से पैदा हुए अकूत धन से उन्होंने दुनिया भर में हजारों मस्जिदें जरूर बनवाईं, तथा इस्लामी प्रचारक और साहित्य फैलाये। लेकिन उस से हर कहीं मुल्ले-मौलवी, अलगाववाद, असहिष्णुता, उग्रता, और हिंसा बढ़ने के सिवा कोई उपलब्धि हुई दिखाई नहीं पड़ती। इस तथ्य का अर्थ समझने में विचारशील मुसलमान कब तक इंकार करते रह सकेंगे? और, उस इंकार से उन्हें क्या लाभ होगा? सौ साल पहले और आज के लाहौर, ढाका, तेहरान, या काबुल की तुलना करके इसे देखा जा सकता है। जो जितने अधिक इस्लामी होते गए, उतने ही अधिक अशान्त होते और पिछड़ते गए।

इस का दोष सदैव अमेरिका, यूरोप, आदि को देकर सत्य छिपाया नहीं जा सकता। अमेरिका, यूरोप की नीतियाँ सारी दुनिया के लिए एक जैसी हैं। लेकिन कोरिया, जापान, चीन, भारत, इजराइल, कनाडा, आस्ट्रेलिया, आदि कहीं भी वह दृश्य नहीं, जो प्रायः सभी मुस्लिम देशों में है। तुर्की मुस्लिम देश होते हुए भी, जिस हद तक इस्लाम को उपेक्षित करके चलता रहा, उस हद तक यूरोपीय देशों जैसा विकसित हुआ। अतः दुनिया के विविध महादेशों में विभिन्न देशों की तुलना दिखाती है कि इस्लामी विश्वास और मानवीय उन्नति में प्रतिकूल संबंध है। यानी, अधिक इस्लाम, कम उन्नति; कम इस्लाम, अधिक उन्नति।

यह देखने समझने, लिखने-बालने वाले मुसलमानों की संख्या बढ़ रही है। तीस वर्ष पहले सलमान रुश्दी को एक मामूली प्रश्न उठाने पर मौत का फतवा दिया गया था। आज उस से कई गुणा बड़े प्रश्न उठाने वाले अनेक मुसलमान लेखक दुनिया भर में हैं। पर अब कोई मुस्लिम शासक उन के सिर पर ईनाम घोषित नहीं कर रहा है। अब तो इस्लाम छोड़ने वाले मुस्लिमों के संगठन भी बनने, दिखने लगे हैं।

तो इस बीच क्या बदल गया है? यही कि आत्मावलोकन करने, खुले विचार करने वाले मुसलमानों की संख्या बढ़ी है। उन में सर्वतोमुखी जानकारी, मानवीय विवेक बढ़ रहा है। अज्ञान, अंधविश्वास, मतवादी अहंकार घट रहा है। इस से नए प्रश्न भी उठने लगे हैं। जैसे यह कि क्या बिना धमकी, हिंसा, मिथ्या-प्रचार, छल-कपट के इस्लामी मतवाद बना रह सकता है? इस का बेबाक उत्तर अयातुल्ला खुमैनी ने बहुत पहले दे दिया था, कि मजहब को बचाने के लिए छल-प्रपंच जरूरी है। प्रकारांतर, इस का अर्थ यही है कि एक मत-विश्वास

के रूप में इस्लाम बहुत खाली है। हिन्दू-बौद्ध दर्शन की तुलना में तो कुछ भी नहीं है!

तब भारत के मुसलमान पुनर्विचार क्यों न करें? वे बखूबी जानते हैं कि उन के पुरखे केवल जान बचाने, अथवा अपमान, भय, तथा धमकी-दबाव के कारण विवशता में मुसलमान बने थे। तब आज उस भय, दबाव के अलावा इस्लामी सत्ता के दबदबे, और उस से मिलने वाली झूठी 'उच्च वर्गीयता' का कारक भी हट जाने के बाद, वे फिर से पारंपरिक भारतीय ज्ञान-विवेक के अपने सनातन-घर में क्यों न वापस लौटें? इस में बाधा क्या है? साथ ही, स्वतंत्र विवेक के घर में नहीं लौटने से लाभ भी क्या है? यही प्रश्न हम ने विचार के लिए रखा है।

तलवार और घोड़े के घमंड का युग सदियों पहले जा चुका है। हथियार-बंद, कटिबद्ध गिरोह बाँध कर दूर-दूर काफिर देशों, समाजों पर हमले कर, बेहिसाब क्रूरता, और अप्रत्याशित भयंकर अपमान करके उन्हें सहमा कर कब्जा कर लेने, गुलाम बनाकर बेचने, जबरन मुसलमान बनाने, और लूट के धन से फिर नए-नए तलवारबाज जिहादी भर्ती कर दुनिया में फैलते जाने की तकनीक सदियों पहले बेकार हो चुकी है।

कम से कम आठ सदी पहले खुद अरब के मुसलमान उस में पिछड़ कर दूसरों के अधीन चले गए। प्रोफेट मुहम्मद ने कहा था कि इस्लाम का खलीफा केवल कुरैश अरब ही हो सकता है। तो विचार करें, कब हुआ था पिछला अरब खलीफा? अगर हाल के 'इस्लामी स्टेट' (2014 ई.) के स्व-घोषित अल-बगदादी को न गिनें तो कम से कम विगत सात सौ सालों से कोई अरब खलीफा नहीं हुआ! प्रोफेट मुहम्मद द्वारा स्थापित नियमों-कानूनों की विफलता, अनुपयुक्तता के ऐसे उदाहरण और देखे जा सकते हैं। उन नियमों को आज बड़े-बड़े मुस्लिम देशों के शासक भी याद नहीं करते। केवल बिन लादेन, मुल्ला उमर, अल-बगदादी, जैसे लोग ही याद करते हैं। अवश्य ही 'मुस्लिम ब्रदरहुड' जैसे ताकतवर संगठन भी पूरी कटिबद्धता, संसाधन और छल-प्रपंच से उस काम में लगे हुए हैं, लेकिन उन की सफलता संदिग्ध है। उन के सूत्रधारों में भी खुल कर सामने आने का माद्दा नहीं है।

इस बीच, विचारवान मुसलमानों के बीच मोहभंग की गति बढ़ रही है। स्वतंत्र चेतना के लेखकों, कवियों को मिलती धमकियाँ अधिकाधिक निष्प्रभावी होने लगी हैं। वे समय को पहचान रहे हैं, दीवाल पर लिखी इबारत पढ़ रहे हैं। वर्षों से चीन में इस्लामी रीति-रिवाजों, मस्जिदों, आदि पर कड़े प्रतिबंध

लगा देने पर भी मुस्लिम विश्व में कहीं से कोई आपत्ति न होना भी उसी का अंग है।

एक मिलता-जुलता संदेश सोवियत संघ जैसे सशक्त, साधन-संपन्न, तानाशाही, वैचारिक-मतवादी साम्राज्य के विघटन से भी मिला है। वह यह कि किसी बनावटी मतवाद को जबरन दुनिया में फैलाकर, उस के प्रति आम लोगों को सदा के लिए श्रद्धावान नहीं बनाये रखा जा सकता। चूँकि इस्लाम में राजनीतिक इस्लाम ही प्रमुख अंग है, इसलिए उस के प्रति भी केवल हिंसा या धमकी के बल से आदर-श्रद्धा नहीं बनी रह सकती। इस्लाम के गैर-राजनीतिक पहलू से किसी को कोई आपत्ति नहीं है। मुसलमान अपनी इच्छानुसार ईश्वर-आराधना, तीर्थ, परिक्रमा, उपवास, आदि करते रह सकते हैं। उस का गैर-मुसलमानों से कोई संबंध नहीं है।

इसीलिए, भारत में मुगल शासन के खात्मे के बाद, 18वीं-19वीं सदियों में आम हिन्दू-मुसलमानों का सहज, सामंजस्यपूर्ण जीवन बन सका। जब यहाँ राजनीतिक इस्लाम को पराजित कर दिया गया, तो धार्मिक विविधता को सहज स्वीकार करने वाले इस हिन्दू देश में मुसलमानों के साथ हिन्दुओं का सहअस्तित्व कभी चिन्ता या विवाद का विषय नहीं बना। न सामुदायिक झगड़े हुए। बल्कि मुसलमानों के बीच भी भारतीय, हिन्दू ज्ञान परंपरा से लाभ उठाने वाले विद्वान और कवि होने लगे। कवि रहीम, दाराशिकोह से लेकर गालिब, साहिर लुधियानवी तक वैसे ज्ञानियों की एक गौरवशाली परंपरा है। मुसलमानों को सोचना चाहिए कि वे बिन कासिम से लेकर बिन लादेन तक की आक्रामक, भारत-विरोधी, कुरूप और व्यर्थ परंपरा के बदले, इस ज्ञान-परंपरा के पक्ष में खड़े हो कर गर्व क्यों न करें?

इस के लिए इस्लामी मूल किताबों और हिन्दू ज्ञान-शास्त्रों, महाकाव्यों का तुलनात्मक अध्ययन करके विचार-विमर्श भी उपयोगी है। आखिर सत्य की शक्ति तो स्वतंत्र, सार्वभौमिक होती है! जैसे, सारी दुनिया के लोग धर्म-भाषा-क्षेत्र से निरपेक्ष होकर समान रूप से साइंस-टेकनोलॉजी-उद्योग के लाभ उठाते हैं। उसी प्रकार काव्य, दर्शन और कला भी सभी मनुष्यों के आनंद उठाने और आत्म-विकास के लिए है। सत्य का अन्वेषण केवल भौतिक जगत ही नहीं, आत्मिक जगत में भी होता रहा है। इसीलिए योग-ज्ञान, बुद्ध-उपदेशों, या प्लेटो के चिंतन का प्रभाव दुनिया भर में फैलता रहा है। उस में किसी लोभ, भय या दबाव का कारक नहीं है। तब उस से मुसलमान ही क्यों वंचित रहें? अब तक उन्हें अपने और दूसरों के बारे में झूठा प्रचार, नकली या अतिरंजित

इतिहास, तथा राजनीतिक छल-प्रपंच के द्वारा विश्व के आत्मिक, मानवीय ज्ञान-चिंतन से बचा कर रखा गया है। वस्तुतः किसी भी मुस्लिम देश में खुली विचार-स्वतंत्रता, तथा लोकतंत्र का न होना मूलतः इसी से जुड़ा हुआ है। अयातुल्ला खुमैनी ने इसी का संकेत किया था।

भारतीय इतिहास के बारे में भी मुसलमानों को पूरी सचाई नहीं बताई जाती। (कुछ विस्तार के लिए देखें, सीताराम गोयल लिखित *भारत में इस्लामी साम्राज्यवाद का इतिहास*)। यहाँ आम मुसलमान पिछले हजार वर्ष के इतिहास के बारे में कुछ वैसे ही जानते हैं, जैसे सोवियत कम्युनिस्ट शासन में रूसियों को कम्युनिज्म-कैपिटलिज्म के बारे में बताया जाता था। तथ्यों की मनमानी काट-छाँट के साथ एक बना-बनाया सुरक्षित इतिहास, ताकि लोगों में कम्युनिज्म के श्रेष्ठ और विश्व-विजयी होने का विश्वास व हौसला बना रहे। उसी प्रकार, भारतीय मुसलमानों को यहाँ इस्लामी राज तथा हिन्दू धर्म-समाज के बारे में अनेक मनगढ़ंत बातें बताई जाती रही हैं। हिन्दू उदारता को कमजोरी, कायरता, लोभ, आदि जैसा बताकर मुसलमानों में दबंग मानसिकता बनाये रखी गई है। जबकि हिन्दू प्रतिरोध, वीरता, शौर्य के साथ-साथ पराजित मुस्लिमों के प्रति भी सम्मानजनक व्यवहार का सच छिपाया गया है। राजा दाहिर से लेकर राणा सांगा, हेमचंद्र, राणा प्रताप, गुरु गोबिन्द सिंह, शिवाजी, तक अनेकानेक महान हिन्दू वीरों की गाथाएं वे नहीं जानते।

भारत में जबरन धर्मांतरित कराए गए मुसलमानों के वंशजों के पास कोई ऐतिहासिक विवरण, पारिवारिक दस्तावेज, सामाजिक कहानियाँ, गीत या संस्मरण नहीं हैं जो दिखा सकें कि उन के पूर्वज मुसलमान बन कर सुखी, संतुष्ट, प्रसन्न हुए थे। जबकि भारत में सदियों से मुस्लिम तारीखनवीसों की भरमार रही है, जिन्होंने तफसील से बहुत सारी बातें लिखी हैं। तब यह खालीपन क्या दिखाता है?

केवल मुस्लिम हमलावरों की जीत, जिहाद, काफिरों के सिर काटने, मंदिरों के विध्वंस करने, स्त्रियों पर कब्जा करने, पराजित लोगों को गुलाम बनाकर बाहरी देशों में बेचने, आदि की गाथाओं से उन की तारीख भरी मिलती है। उन हमलावरों, शासकों की बेहिसाब हिंसा, क्रूरता और छल-धोखे को उन की महानता के रूप में प्रस्तुत करना कृत्रिम इतिहास ही है। उस की एक प्रमाणिक झलक हाल के दशकों में दुनिया ने अल-कायदा और इस्लामी स्टेट के कारनामों में भी देखी है। इस्लामी स्टेट ने तो खुल कर, उस के अपने ही शब्दों में 'प्रोफेटिक मेथडोलॉजी', यानी हू-ब-हू प्रोफेट का अनुकरण करते हुए अपने सारे

काम किए। यह बस चार-पाँच साल पहले की बात है। उस में कौन सी वीरता, या क्या गर्व करने लायक है?

उस की तुलना में भारतीय हिन्दुओं की शान्तिप्रियता, सद्भाव को दुर्बलता के रूप में दिखाकर मनमानी, विशेषाधिकारी माँगे तथा आंदोलन करना आज भी जारी है। यहाँ इस से होने वाली हानि का हिसाब एक अलग विषय है। संक्षेप में इतना ही, कि इस्लामी ताकत का गुमान दिखाना मुसलमानों को दिग्भ्रमित करने का एक बड़ा पहलू है। जबकि सचाई यह है कि पहले या आज भी मुसलमानों और गैर-मुसलमानों की शक्ति, वैयक्तिक वीरता, योद्धा गुणों, आदि में कोई बड़ा अंतर नहीं है। छिप कर, धोखे से वार कर किसी भले समाज को डराना, स्त्रियों को अपमानित कर, उन के साथ अनाचार कर, लोगों को सहमा देना दूसरी चीज है। मगर सीधी लड़ाई में कहीं भी मुसलमान दूसरों से जरूरी तौर पर श्रेष्ठ नहीं साबित हुए हैं। यह हिन्दू-मुससलमान, और भारत-पाकिस्तान के बीच भी कई बार, कई तरह से देखा जा चुका है। यही बात दुनिया के दूसरे गैर-मुसलमानों के साथ भी है।

हद तो यह है कि स्वयं इस्लाम के सब से महत्वपूर्ण स्थानों, मक्का-मदीना, की रक्षा भी लंबे समय से दूसरों के संरक्षण में हो रही है। सदियों तक तुर्कों ने उस का संरक्षण किया, अरबों ने नहीं। अब पिछले सौ साल से यूरोप और अमेरिका उस का नियंत्रण, संरक्षण कर रहे हैं। जगजाहिर है कि सऊदी सत्ता अमेरिकी सैन्य-शक्ति के समर्थन बल पर बनी रही है। वरना कितने ही तरह के जिहादी संगठन दशकों से उस के दुश्मन बने हुए हैं। इस की और जो भी व्याख्या की जाए, यह तो स्पष्ट है कि प्रोफेट मुहम्मद के अपने, खालिस, अरब लोग सदियों से बेहद कमजोर हैं। न केवल ज्ञान-विज्ञान, बल्कि सीधे शस्त्र-बल, बाहुबल में भी। इस तथ्य की समीक्षा इस्लामी मतवाद के दावों की रोशनी में करनी चाहिए। उस में जिन काफिरों को घृणित, नीच, नगण्य बताया गया है, वे न केवल सदियों से हर क्षेत्र में आगे हैं, बल्कि स्वयं अरब के मुसलमानों की भी हर तरह से मदद ही करते रहे हैं। किसी भय से नहीं, बल्कि मानवीय सद्भाव से और आपसी हित की समझदारी से। वरना आज दुनिया के अनेक गैर-मुस्लिम देश अकेले तमाम मुस्लिम देशों से अधिक शक्तिशाली हैं।

अंततः, इस्लामी मतवाद की समीक्षा स्वयं मुसलमानों के आपसी संबंधों का इतिहास और वर्तमान की दृष्टि से भी की जानी चाहिए। प्रोफेट मुहम्मद ने एक मुसलमान द्वारा दूसरे मुसलमान के साथ जो व्यवहार निश्चित किया था, उस का पालन सदियों पहले से होना बंद हो चुका है। जैसे, एक मुसलमान दूसरे

मुसलमान को नहीं मारेगा; एक मुसलमान द्वारा रक्षित व्यक्ति दूसरे मुसलमान द्वारा नहीं सताया जाएगा; एक मुसलमान दूसरे मुसलमान के विरुद्ध काफिरों के साथ खड़ा नहीं होगा; मुस्लिम पुरुषों द्वारा अपनी स्त्रियों, दासियों के साथ व्यवहार के नियम; आदि। इन सब प्रसंगों में प्रोफेट के बताए हुए नियम अनेक देशों में मुसलमान बहुत पहले छोड़ चुके हैं।

इस की तुलना में सदियों तक विदेशी आक्रांताओं के जुल्म, अत्याचार और शासन झेलकर भी हिन्दू ऋषि-मुनियों के शास्त्र, पुराण, महाकाव्य, त्योहार, रीति-रिवाज, आज भी मूल्यवान हैं। किस सहजता से हिन्दू ही नहीं पूरी दुनिया के विचारक, विद्वान, खोजी लोग उस से लाभ उठाते हैं—इस की भी तुलना करनी चाहिए। विशेषकर भारतीय मुसलमानों को जो मूलतः इसी भारतीय ऋषि-मुनि परंपरा के वारिस हैं। आखिर, जब यूरोप, अमेरिका, अफ्रीका, और अरब तक के सत्यान्वेषी लोग हिन्दू संतों, गुरुओं, आश्रमों, धर्म-योगदर्शन-आयुर्वेद आदि से लाभ उठाने भारत आते रहते हैं, तो फिर यहीं रहने वाले मुसलमान ही किस कारण उस से दूर बने रहें?

इसलिए, भारत के मुसलमानों को स्वतंत्र मानवीय विवेक के मूल्य पर स्वतः विचार करना चाहिए। इसी विवेक के बल पर हिन्दू धर्म-दर्शन हजारों वर्ष से स्वयं खड़ा है, और पूरे विश्व को प्रकाश दे रहा है। तरह-तरह के मत-विश्वास, राज्य-व्यवस्था, राष्ट्रीयता, भाषा, क्षेत्र, आदि के परे अंततः सभी मनुष्य समान हैं। बल्कि हिन्दू योग-चिंतन इस से भी बढ़ कर संपूर्ण जीव-जगत, प्राणि-मात्र व प्रकृति के साथ समान सहानुभूति का ज्ञान देता है। यह जगत और मनुष्यता प्रोफेट मुहम्मद के पहले हजारों वर्षों से है, और उन के चले जाने के बाद भी बनी हुई है। अतः 'अखीरत' (दुनिया के खात्मे), 'अल्लाह के पास जन्नत में रहने', 'काफिरों के आग में जलने', 'जहन्नुम में अधिकांशतः स्त्रियों के होने', आदि बातें यदि संदेह से परे होतीं—तो मुस्लिम इतिहास में इतनी हिंसा नहीं हुई होती! क्योंकि इन बातों पर आरंभ से ही, न केवल हर प्रकार के लोगों के बीच, बल्कि स्वयं मुसलमानों में भी भारी संदेह उठते रहे हैं। इन संदेहों का इस्लामी किताबों में या आलिम-उलेमा के पास कोई संतोषजनक उत्तर नहीं है।

इस का उत्तर वे शंका करने वाले, प्रश्न उठाने वाले विचारकों, लेखकों, कवियों, सामान्य व्यक्तियों का कत्ल करके या उन के विरुद्ध हिंसक फतवे देकर ही देते रहे हैं। यह मनुष्य की सहज प्रवृत्ति, स्वतंत्रता, के विरुद्ध है। कोई भी विचार मानने या न मानने, किसी बात को जानने-समझने, उस पर लिखने-बोलने की आजादी एक सहज, सार्वभौमिक, मानवीय भावना है। यह

स्वतंत्रता हिन्दू भारत में सदा से रही है। आज भी यह पूरे विश्व में प्रायः मुसलमानों को छोड़कर सब को है। यहूदियों, हिन्दुओं, ईसाइयों, बौद्धों, जैनियों, कन्फ्यूशियस, शिंतो, आदि मत-विश्वास के अनुयायी किसी भी विषय पर खुल कर विचार करते हैं। वे अपने धर्म-मत पर भी संदेह व्यक्त करते हैं। उस की उपेक्षा करके जीवन जीते हैं। इस के लिए उन का धर्म-विश्वास उन्हें दंडित नहीं करता। इन सभी को अपना धर्म-मत छोड़ देने की स्वतंत्रता भी है। इस स्वतंत्रता से उन का धर्म-मत भयभीत नहीं होता। तब केवल इस्लामी-मत के अनुयायियों को यह स्वतंत्रता न होना क्या दर्शाता है? क्या यह इस्लाम की श्रेष्ठता या जीवंतता का प्रतीक है? क्या ऐसी स्थिति बने रहना अधिक समय तक संभव भी है?

सच तो यह है कि अरब समेत सभी मुस्लिम देशों में भी अनेकानेक इस्लामी निर्देश और कानून, कायदे स्वेच्छा से छोड़े जा चुके हैं। जैसे, कुरान व सुन्ना के सिवा कुछ और न पढ़ना; गैर-मुस्लिमों के शासन में न रहना; गुलामों को रखना-बेचना; काफिरों से मित्रता न रखना; जिहाद को राजकीय नीति बना कर चलना; आदि।

इस इतिहास और वर्तमान से स्पष्ट है कि इस्लामी आदेशों के जबरन पालन करने-कराने के बदले स्वविवेक से चलना, और इन्सानियत की आजादी ही सहज स्थिति है। इसे रोकने की कोशिश ही हर कहीं अशान्ति, विकृति, तबाही और पिछड़ेपन का कारण भी रही है।

भारत में मुसलमानों के बीच इस का समाधान बहुत पहले किया जा चुका था। यहाँ लगभग संपूर्ण फारसी-ऊर्दू शायरी इस्लाम के प्रति विद्रोह ही है। क्योंकि वह साहित्य अधिकांश मानवीय विवेक पर आधारित है। रहीम से लेकर साहिर तक का सारा कवित्व इस का प्रत्यक्ष प्रमाण है। उस में किसी इस्लामी विश्वास को कोई स्थान नहीं मिला है। यह केवल कवियों, ज्ञानियों का नहीं, अनेक मुस्लिम शासकों, सरदारों का भी अनुभव रहा है।

विश्व में सब से बड़ा मुस्लिम साम्राज्य कायम करने वाले बादशाह अकबर द्वारा 'दीने-इलाही' (ईश्वर का धर्म) नामक नया धर्म चलाना इस का सब से जीता-जागता प्रमाण है। बादशाह को अपना दीने-मुहम्मद (मुहम्मद का धर्म) पर्याप्त या उपयुक्त नहीं लगा था। उस ने तमाम धर्म-विचारों के बीच लंबे समय तक तुलनात्मक विचार-विमर्श चलाकर इस बात को समझा था। नोट करें, कि यह भारत में चार सौ वर्ष पहले ही हो चुका था! अकबर कोई अपवाद नहीं था। रहीम, रसखान, मीर, गालिब, बुल्लेशाह, नजीर, साहिर, जैसे महान कवियों-शायरों

की लंबी परंपरा है। उन के समृद्ध दर्शन-लेखन-विचार में इस्लाम का कोई स्थान नहीं था, या नगण्य था। वस्तुतः प्रामाणिक इस्लामी मत की दृष्टि से देखें, तो लगभग संपूर्ण भारतीय फारसी-ऊर्दू शायरी इस्लाम के विरुद्ध जाती है।

अतः कहा जा सकता है कि भारत में मुसलमानों के बीच मजहब और राजनीति, समाज-नीति के बीच स्वस्थ मानवीय सामंजस्य बनाने का कार्य डेढ़ सौ वर्ष पहले ही पूरी तरह संपन्न हो चुका था।

दुर्भाग्यवश, पिछले एक सौ सालों में पनपी भ्रामक राजनीति ने इस प्रक्रिया को रोक कर, उलटे इस्लामीकरण की प्रक्रिया शुरू कर दी। गाँधीजी के खिलाफत आंदोलन (1919-24) ने इस में सब से भयंकर भूमिका निभाई। जिन ईमामों, उलेमा को मुगल शासन में भी केंद्रीय या राजनीतिक महत्व नहीं मिला था, वह गाँधीजी के एक गलत कदम से मिल गया। तभी से भारतीय राजनीति में ईमामों, मौलानाओं, आदि का वर्चस्व बनता गया। देश का विभाजन होना, करोड़ों हिन्दुओं-सिखों का विनाश, तथा मुसलमानों पर राजनीतिक इस्लाम का दबदबा, आदि उसी के दुष्परिणाम हैं।

स्वतंत्र भारत में उस गाँधीवादी भूल को दुरुस्त करने के बजाए नेहरूवादी, वामपंथी, और दूसरी राजनीतिक धाराओं ने भी उसे यथावत चलने दिया। इसे 'सेक्यूलरिज्म' का भारी-भरकम सैद्धांतिक नाम देकर ऊपर से अनिवार्य संवैधानिक कर्तव्य बना डाला गया!

इस प्रकार, राजनीतिक इस्लाम की खुली समीक्षा करके उसे विवेक के अनुसार छोड़ने, बदलने के बदले उसे श्रद्धा की वस्तु मान लेना हमारे राष्ट्रीय जीवन की बहुत बड़ी भूल रही है। जो जरूरी काम चार सौ साल पहले बादशाह अकबर ने कर दिया था—इस्लाम के धार्मिक पक्ष को राजनीतिक पक्ष से अलग कर देना, और केवल धार्मिक पक्ष को मुसलमानों के लिए स्वीकार्य रहने देना, तथा राजनीतिक इस्लाम को त्याग देना—उसे बीसवीं सदी में गाँधीजी ने अज्ञानवश पुनः जोड़ दिया।

फिर उसी अज्ञान को तमाम किस्म के हिन्दुओं ने, जिन में कथित हिन्दू राष्ट्रवादी भी हैं, स्वतंत्र भारत में पूरी ठसक से बढ़ाया!

इस प्रकार, जो मानवीय काम बादशाह अकबर से लेकर साहिर लुधियानवी तक, अनेक विवेकशील मुसलमानों ने करके दिखाया था, उसे बढ़ाने के बजाए राजनीतिक इस्लाम को प्रोत्साहित कर समकालीन भारत के नेताओं, बुद्धिजीवियों ने एक ऐसा घातक काम किया, जिस के दुष्परिणाम भारत ही नहीं, पूरे विश्व को झेलने पड़ रहे हैं।

आखिर, पिछले कई दशकों से वैश्विक जिहादियों का मुख्य ठिकाना और जिहाद प्रशिक्षण केंद्र पाकिस्तान; तथा अफगानिस्तान के देवबंदी तालिबान—दोनों ही मुख्यतः गत सौ सालों की भारतीय राजनीति की उस भूल के ही दुष्परिणाम हैं। वही भूल आज भी चल रही है। हमारे सेक्यूलर नेता, प्रोफेसर, लेखक, संपादक, पत्रकार, प्रकाशक, आदि सभी लोग राजनीतिक इस्लाम को धार्मिक इस्लाम के समान पूज्य मानकर उस पर खुला विचार-विमर्श रोकते हैं। वैसे मुसलमानों को भी बोलने नहीं देते, जो स्वतंत्र विमर्श का स्वर उठाते हैं।

अतः इस्लाम के नाम पर भारत में जो हिंसा होती रही है, उस के मुख्य अपराधी वे सेक्यूलर बौद्धिक और नेता हैं, जिन्होंने राजनीतिक इस्लाम पर आलोचनात्मक विचार-विमर्श को बाधित किया है। उन्होंने जाने-अनजाने इन्सानियत का दमन किया है।

भारत की धार्मिक विविधता, कोई भी मत-विश्वास मानने की स्वतंत्रता में एक बिन्दु और है, जिस पर एक गलतफहमी चलती रही है। विशेषकर पिछले सौ वर्ष से, कि सभी धर्म-मार्ग समान रूप से उपयुक्त हैं। यहाँ विविध धर्मावलंबी मनुष्यों की समानता को उन धर्मों की समानता में भी सरलीकृत कर दिया जाता है। वस्तुतः उन में काफी अंतर है। लोग अपनी-अपनी समझ, रुचि, प्रवृत्ति से किसी भी धर्म-मार्ग को स्वीकार करते, छोड़ते हैं, या कोई भी मार्ग नहीं अपनाते। लेकिन तत्व-चिंतन और सामाजिक-वैयक्तिक लाभ-हानि के आधार पर विभिन्न धर्म-मतों में गंभीर अंतर हैं।

धार्मिक बहुलता, विविधिता की स्वीकृति इन अंतरों को जबरन मिटाने, या इन की उपेक्षा करने का समर्थन नहीं करती। न किसी मत को जबरन गिराने, और किसी को जबरन उठाकर दूसरे मत के समान कर देने को उचित मानती है। इसीलिए छल-बल-लोभ के सहारे मिशनरी धर्मांतरण योजनाएं भी अनुचित हैं। धार्मिक विविधिता की आड़ में इसे स्वीकृति देना, या अनदेखी करना ठीक नहीं है।

धार्मिक विविधता मानवीय स्वेच्छा पर आधारित है। विविध धर्म-मतों के बीच बड़े-बड़े मतभेद रह सकते हैं। जिन पर कोई अंतिम फैसला देना या थोपना अनुचित है। आम लोग या लेखक-विद्वान उन की जाँच-पड़ताल और निष्कर्षों पर वाद-विवाद कर सकते हैं। इसे बौद्धिक या राजनीतिक रूप से रोकना, या इसे लांछित करना धार्मिक विविधता की स्वीकृति का अंग नहीं है।

भारतीय ज्ञान-परंपरा स्पष्ट रूप से शास्त्रार्थ की परंपरा भी रही है, ताकि

धर्म-मत या ज्ञान में सदैव वृद्धि और संशोधन, परिष्कार होता रहे। हिन्दू चिंतन के अनुसार सत्य की खोज और अनुभूति का मार्ग सदैव खुला हुआ है। वह किसी 'अंतिम सत्य' के रूप में कभी नहीं बाँधा गया है। वह मार्ग किसी ज्ञानी, ऋषि, मुनि या पैगंबर द्वारा बंद नहीं किया जा सकता। बल्कि, जैसा स्वामी विवेकानन्द ने कहा था, हिन्दू दृष्टि में प्रत्येक मनुष्य के लिए ज्ञानी, ऋषि या पैगंबर बनने की संभावना सदैव खुली हुई है। वस्तुतः वही हिन्दू धर्म का आदर्श है—सभी मनुष्यों का पैगंबर बन सकना!

इस प्रकार, हिन्दू आदर्श सभी के लिए ईश्वर का, ज्ञान का, मोक्ष का मार्ग खुले रखने का और सर्वोच्च अनुभूति प्राप्त कर सकने का सप्रेम आमंत्रण है। यह कोई बाह्याचारों, कर्मकांडों की स्वतंत्रता, किसी अनुष्ठान के करने या न करने तक ही सीमित नहीं है। सब से बढ़कर हिन्दू धर्म-दर्शन मनुष्य मात्र की आध्यात्मिक स्वतंत्रता का संदेश और उस का आनन्द उठाने का ज्ञान-भंडार है। अपने अभ्यांतर की स्वतंत्रता, चेतना और मुक्ति इस का अधिक महत्वपूर्ण भाग है। मनुष्य के विवेक का सम्मान उस की अंतरात्मा की माँग है, जो स्वयं परमात्मा का ही अंश है। इस का संकेत 'तत्वम् असि' के महावाक्य में भी किया गया है। उस चेतना की अनुभूति स्वयं कर सकने की स्वतंत्रता पाना ही विवेक के घर में वापसी है। इसे किसी संकीर्ण मतवादी रूप में नहीं समझा जाना चाहिए।

प्रस्तुत पुस्तक इन्हीं बिन्दुओं पर विचार करने का एक प्रयास है।

शंकर शरण

घर-वापसी का अर्थ

> ओ अहंकारियो! बताओ तुम्हारी ईसाइयत ने तलवार के बिना कहाँ सफलता पाई? मुझे संपूर्ण विश्व में ऐसा केवल एक भी उदाहरण तो बताओ, मैं दो भी नहीं चाहता। मैं जानता हूँ कि तुम्हारे पूर्वजों का धर्म-परिवर्तन किस प्रकार किया गया था। मृत्यु या धर्म-परिवर्तन, उन के सामने दो ही मार्ग थे। इस के अतिरिक्त कुछ नहीं। अपनी समस्त दाम्भिक गर्जनाओं के बावजूद तुम इस्लाम से किस अर्थ में श्रेष्ठ हो? अरबों ने गर्जना की थी, "हमीं श्रेष्ठ हैं, केवल हम ही!" क्यों?—"क्योंकि हम दूसरों की हत्या कर सकते हैं"।
>
> —स्वामी विवेकानन्द

हाल में गोवा में एक अंतर्राष्ट्रीय विचार-सम्मेलन में बेल्जियन विद्वान डॉ. कोएनराड एल्स्ट ने कहा कि समय आ गया है कि दुनिया के मुसलमानों को कहा जाए कि मुसलमान होने में अब कोई मजा नहीं है। वे उस घेरे से बाहर आ जाएं। उन की बात अंतर्राष्ट्रीय सुर्खियाँ बनी। स्वयं उस सम्मेलन में खूब गर्मा-गर्म बहस हुई। कोएनराड का प्रतिवाद करते हुए दो विदेशी मुस्लिम भागीदारों ने कहा कि यह तो 'अपमान' और 'घृणा फैलाने' वाला बयान है, आदि। बाद में इंटरनेट पर भी इस पर बहस चलती रही।

ध्यान दें, जब गोवा में वह बहस चल रही थी, लगभग उसी समय, 29 दिसंबर को ईरान की सेना के एक जेनरल ने घोषणा की कि "अमेरिकी राष्ट्रपति बराक ओबामा और यूरोपीय संघ के नेताओं को इस्लाम कबूल कर लेना चाहिए, ताकि ईरान और पश्चिम के बीच शांति स्थापित हो सके।" लेकिन इस पर किसी ने नहीं कहा कि यह ईसाइयों का या ओबामा का अपमान है!

दरअसल, सबसे पहले यह स्पष्ट रहे कि दुनिया में धर्मांतरण करने-कराने के आवाहन सामान्य बातें हैं। चूँकि सदियों से हिंदुओं ने धर्मांतरण, आक्रमण, दूसरों का प्रभुत्व एकतरफा झेला है। इसलिए विदेशी, गैर-हिंदू तत्व इन्हें घुड़कियाँ देना और 'अपमान' की धमकी भरी शिकायत करना अपना अधिकार समझते हैं। गोवा में हिंदू श्रोताओं, आयोजकों के बीच उन विदेशी मुस्लिमों ने

यही अंदाज अपनाया। अन्यथा किसी यूरोपीय या अरबी परिवेश में उन्हें यह बड़ी सामान्य बात लगती।

अतः भारत में भी ईसाइयों और मुसलमानों को पुनः अपने पुराने धर्म-विश्वास पर लौटने का आमंत्रण देने में, यानी 'घर-वापसी' के आवाहन में, कुछ भी आपत्तिजनक नहीं है। इसे भारतीय सेक्यूलरवादी नेताओं, बुद्धिजीवियों और कई भाजपा समर्थक बुद्धिजीवियों को भी समझना ही चाहिए। कोएनराड इस अभियान को सहजतापूर्वक करने की सिफारिश करते हैं, क्योंकि उनके विचार से यह मुसलमानों की मदद करना है।

उनके विचार से मुसलमानों से जबरन इस्लाम छुड़ाने की कोई जरूरत नहीं। पूरी स्थिति समझ लेने के बाद वे स्वयं इस्लाम से मुक्त हो जाएंगे। यह अच्छी बात है कि गोवा-विवाद को उर्दू मीडिया समेत पूरे मीडिया में लगभग सही रूप में ही रखा गया। एल्स्ट ने यह भी कहा था कि "विश्व हिंदू परिषद जो एक सही काम कर रही है, वह है घर वापसी का। हमें मुस्लिमों को इस्लाम से मुक्त कराने की जरूरत है। हर मुस्लिम एक अपहृत है जिसे पुनः वापस लाना है।" एल्स्ट ने सीता के अपहरण का उदाहरण देते हुए कहा कि हमें राम का अनुकरण करते हुए इस्लाम के सभी अपहृतों को छुड़ाना चाहिए।

अब तक केवल हिंदुओं को ही धर्मांतरित कराते रहने की परंपरा और आवाहन भारत में इतने निस्संकोच रूप से स्थापित है, कि हिंदू बुद्धिजीवी भी उसे सामान्य मानते हैं। हिंदू धर्म को खराब, अंधविश्वासी, मूर्तिपूजक, शोषक, आदि-आदि कह कर बुरा-भला कहना, और इसलिए हिंदुओं का ईसाइयत और इस्लाम में धर्मांतरित होना तो ठीक है—जबकि विपरीत दावे क्या, उसकी चर्चा तक से उन्हें असहजता महसूस होती है!

इस चर्चा से कि ईसाइयत और इस्लाम में आध्यात्मिकता का, अथवा अपने अनुयायियों में किन्हीं नैतिक मूल्यों के विकास की किसी चिन्ता का घोर अभाव है। (उदाहरण के लिए, पोप की हाल की श्रीलंका यात्रा, कोरिया यात्रा, या किसी भी अवसर पर उनके भाषणों पर ध्यान दें। अथवा मस्जिदों से शुक्रवार को होने वाली तकरीरें सुनें। या दोनों धाराओं के मसीही-मजहबी साहित्य या प्रचार साहित्य, आदि को पढ़कर देखें।) वे मुख्यतः अपनी प्रशंसा, अपनी संख्या बढ़ाने, दूसरों की बुराई, उन्हें मिटाने, राजनीतिक प्रभुत्व जमाने और अपने अनुयायियों पर चर्च या उलेमा की जोर-जबर्दस्ती कायम करने पर ही केंद्रित रहे हैं। इसी कारण उन का पूरा इतिहास रक्त-रंजित है। इस्लाम में तो विवेक और बुद्धि की कोई स्वतंत्रता ही नहीं है। ऐसा करने वालों का सिर काट कर

ही वह मामले का समाधान सदैव करता है। उसी तरह, ईसाई समाज में 'रेनेशां' के आगमन, यानी चर्च की जकड़ से राज्य और समाज के मुक्त होने के बाद ही यूरोप का चहुँमुखी विकास हुआ।

इस प्रकार, ऐसे जड़-विश्वासी, साम्राज्यवादी, अहंकारी, हानिकारक मजहबों से मुक्त कर ईसाइयों, मुसलमानों को ज्ञान-परक धर्म-चिंतन से जोड़ना भी एक अच्छा काम हो सकता है—यह सुनने में भी बेचारे हिंदू को असहजता होती है! यह सदियों से दमित-शासित रहने से बनी हीन-भावना है जिस से अनेक भाजपा-समर्थक पत्रकार, बुद्धिजीवी भी मुक्त नहीं हैं। जबकि सचाई यह है कि धर्मांतरण के आहवान विश्व-स्तर पर सामान्य बातें हैं।

अतः इस का उपयोग हिंदुओं को भी करना ही चाहिए। भारत के मुसलमान और ईसाई बाहर के नहीं हैं, बल्कि यहीं के पुराने हिंदू हैं। इस जग-जाहिर तथ्य के मद्देनजर उन्हें ईसाइयत और इस्लाम की कैद से छुड़ाना हिंदुओं का सहज अधिकार, बल्कि कर्तव्य है! सच पूछें, तो एक विदेशी, उदासीन ईसाई विद्वान, कोएनराड एल्स्ट की यह बात पूरी गंभीरता से मनन करने की है। इस में हमारे देश की और विश्व की भी कई बड़ी समस्याओं के निदान की संभावना छिपी है।

कोएनराड एक कदम और आगे जाकर कहते हैं कि जो लोग मुसलमानों से घृणा करते हैं, और उन्हें मारते हैं, वही इस विचार का बुरा मानते हैं कि मुसलमानों को इस्लाम की कैद से मुक्त होना चाहिए। वे मुसलमानों को विचार-बुद्धि में नीचा समझते हैं, कि वे ऐसा तनाव झेल नहीं पाएंगे। यानी, इस्लाम से मुक्त होने के विचार-मात्र से उन्हें तनाव पहुँचेगा। यह किसी को हीन समझना ही है, कि बेचारा इतना दुर्बल, बुद्धिशून्य है, कि उससे ऐसी बौद्धिक-दार्शनिक चर्चा ही नहीं करनी चाहिए!

जहाँ तक भारतीय राजनीति के केवल 'विकास' पर केंद्रित रहने की बात है, तो सचाई यह है कि विकास के लिए भी इस मुद्दे से निपटना जरूरी है। इस्लाम, आतंकवाद, शरीयत, आदि की चर्चा से बचकर केवल मधुर चर्चा में लिप्त रहना चाहने वाले कोएनराड की यह बात याद रखें, "यदि आप आतंकवाद से निपटना नहीं चाहते, तो आतंकवाद ही आपसे निपटने के लिए आने वाला है।" सम्मेलन में किसी को प्रसन्न या अप्रसन्न करने का ध्यान न रखते हुए, कोएनराड ने अपनी बातों को कड़ाई से केवल तथ्यों तक ही सीमित रखा था। ऐसे तथ्य जो पूर्णतः इस्लामी स्रोतों से ही प्रमाणित हैं। यह तो जब बाद में मीडिया में टीका-टिप्पणी हुई, तब उन्होंने विस्तार से अपने तर्क भी दिए।

इस्लाम का बचाव

कोएनराड एक रोचक तथ्य बताते हैं—"इस्लाम के आलोचक के रूप में मेरे संपूर्ण कैरियर में मुस्लिमों का बचाव करते मुझे असंख्य प्रत्युत्तर मिले, किन्तु इस्लाम का बचाव करते हुए शायद ही कभी कुछ उत्तर मिला हो।" उदाहरणार्थ, एल्स्ट द्वारा कुरान में घृणा और हिंसा को उकसाने वाली आयतों की आलोचना का उत्तर देते हुए बेल्जियन लेखक लुकास कैथरीन ने कहा था, "मगर कुरान तो एक पुरानी किताब है।" यानी, अब उस की बातें प्रासंगिक नहीं। यदि यह बात है, तो क्या लुकास को किसी मस्जिद में जाकर इसे कहने का साहस है? यदि नहीं, तो इस से एल्स्ट की आलोचना पुष्ट ही होती है।

वस्तुतः, यदि कुरान केवल अपने युग और हालात की किताब मानी जाए, तो फिर कोई समस्या नहीं। यदि सातवीं सदी के अरब में किसी ने अपनी कल्पनाओं, आवेशों और प्रवृत्तियों के अनुसार जोर-जबर्दस्ती, हत्याएं, धोखे, बलात्कार, लोगों को गुलाम बनाने, आदि कार्य किए, करवाए जो मानवीयता की दृष्टि से गंदे एवं क्रूर थे, तो इसे बीत गई बात मानकर भुलाया जा सकता है। वे पीड़ित लोग अब मौजूद भी नहीं हैं। फिर, मानवता के इतिहास में एक से एक क्रूरतापूर्ण अध्याय हैं, जिस में वह अरब अध्याय कोई अनोखा क्यों माना जाए। लेकिन समस्या ही यही है कि उसे बीती मानकर भुलाने की अनुमति नहीं है, क्योंकि कुछ लोगों ने तय कर लिया है कि वह सब कल्पनाएं, विचार और तदनुरूप काम खुद अल्लाह के शब्द और आदेश हैं। इसीलिए उन के स्वघोषित पैगंबर की हर बात आज भी अनुकरणीय है। वह भी अनिवार्यतः। सारी मुसीबत, हिंसा और समस्याएं इस जिद से हैं।

यह जिद शाब्दिक भी नहीं। अनेकानेक इस्लामी संगठन और नेता, रंगरूट अलग-अलग हद और क्षमता तक उन्हीं विचारों, आदेशों को लागू भी कर रहे हैं। केवल अपने घर या देश में नहीं। हर कहीं, जहाँ भी उनकी जोर-जबर्दस्ती चलती हो। ऐसा करने वाले अदद हत्यारे भी हैं, और एकाएक जिहाद में लग पड़ने वाले ('सड्न जिहाद सिंड्रोम') भी, तथा पाकिस्तान, सऊदी अरब और कई देश भी जो तालिबान, बोको हराम और इस्लामी स्टेट जैसे ताकतवर संगठन चलाते, चलवाते हैं। इन के कारनामे अपवाद नहीं, अनवरत हैं, जो दशकों से चल रहे हैं। इस प्रकार, हमारे सामने किसी का मध्ययुगीन, निजी विचार, विश्वास नहीं, बल्कि एक जीवित, सशक्त विश्वास-प्रणाली है जो पूरी दुनिया में अपने कार्यकर्ताओं के माध्यम से सक्रिय है।

इसीलिए, उसे पुरानी किताब कहकर इस्लाम का बचाव अनर्गल हो जाता है। यह ठीक है कि लाखों सक्रिय इस्लामवादियों की तुलना में दूसरे लाखों सामान्य मुस्लिम भी हैं, जो कुरान की बातें हू-बू-हू और हमेशा लागू करने में नहीं लगे रहते। ऐसे मुस्लिम सहज मनुष्य का जीवन जी रहे हैं, और इस्लामी पहचान उन पर ऊपर से, बाहर से पड़ी हुई है। वे इस्लामी विचारधारा के साथ एकाकार नहीं। अतः उन्हें इस्लामी मजहब का, या इस्लाम को आम मुसलमानों का, पर्याय मानना उचित नहीं है।

इन्हीं कारणों से कोएनराड इस्लाम की आलोचना और मुसलमानों की आलोचना में अंतर रखने पर जोर देते हैं। एक की आलोचना या प्रशंसा स्वतः दूसरे की नहीं मानी जानी चाहिए। मगर प्रायः होता यही है। इस्लाम की आलोचना को 'मुस्लिम-विरोधी' बताकर चर्चा मोड़ दी जाती है। इस पर ध्यान देते हुए विमर्श को सही मुद्दे पर रखना जरूरी है।

इस्लाम का दूसरा बचाव कुछ मुस्लिमों द्वारा यह कह कर किया जाता है कि मुहम्मद के बारे में हिंसा, धोखे से हत्याएं करवाने, आदि की प्रचलित बातें ही गलत हैं। उदाहरण के लिए, एक पाठक अयूब खान ने कोएनराड को लिखा था कि मुहम्मद द्वारा यहूदी कबीले बानू कुरैजा के नरसंहार को झूठा साबित किया जा चुका है ('डिबन्क्ड')। यद्यपि इस घटना का विवरण इब्न इशाक द्वारा लिखित मुहम्मद की सुप्रसिद्ध जीवनी समेत हरेक पुस्तक में है।

फिर भी, यदि मान लिया जाए कि उस घटना से संबंधित इतिहास गलत है, और वैसा कभी हुआ ही नहीं था, तब तो उन पुस्तकों के अन्य विवरणों पर भी ऐसी ही शंका होने से नहीं रोका जा सकता। स्वयं मुहम्मद के कथनों को भी दैवी, प्रमाणिक या सही कहने का उनके अपने ही दावे के सिवा कोई आधार नहीं है। अतः यदि इस्लाम के मूल-स्रोत ग्रंथों, इतिहास विवरणों, आदि में एक बात गलत है, तो दूसरी भी संदेहास्पद है। फिर पूरा इस्लामी कथानक ही गल्प-साहित्य माना जाएगा, जिसे वास्तविक कहने के दावे को तथ्य, प्रमाण और तर्क-विवेक से परखने के सिवा कोई चारा नहीं रहेगा। उस स्थिति में पूरे इस्लाम की नींव कच्ची पाई जाएगी। क्योंकि मुहम्मद की उक्तियों का अलग से कोई प्रमाण नहीं। वे स्वयं अपने बारे में अपने को ही प्रमाणिक बताते हैं। उन बातों को स्वतंत्र रूप से किसी तर्क, तथ्य, गवाही या घटना से कभी समर्थित नहीं किया गया है।

फिर भी, जो बात अयूब खान ने कही, क्या वे किसी मस्जिद में जाकर कह सकते हैं? स्थिति यही है कि इस्लाम को संपूर्ण, अखंड ('सीमलेस गारमेंट')

माना जाता है। उस के विवरण में कहीं भी संशोधन करना, पूरी संरचना को संदिग्ध बना सकता है। अतः अयूब जैसे तर्क व्यक्तिगत विचार हैं, जिन्हें इस्लामी अधिकारियों द्वारा कभी मान्यता नहीं दी जाती। दूसरे शब्दों में, बानू कुरैजा जैसे नरसंहार और दूसरे गर्हित कृत्य कराने संबंधी मुहम्मद के कार्य-विवरण को उनकी जीवनी से अलग किया नहीं जा सकता। केवल उस की सुंदर, संयत व्याख्या करने की अनुमति है। यानी, जैसे भी हो, उनका समर्थन। इसीलिए, इस्लाम पर विवेकपूर्ण समालोचना का उत्तर ही नहीं दिया जाता। उसे 'एंटी-मुस्लिम' कहकर बात को सीधे राजनीतिक रंग दे दिया जाता है, और असली बात दबा दी जाती है।

भारत में यह मुद्दे बुद्धिजीवियों को उठाने चाहिए। राजनेताओं से आशा नहीं करनी चाहिए। वैसे भी, उनका धर्म क्षत्रिय का है। जबकि विचार, ज्ञान, नीति संबंधी प्रश्न उठाना मुख्यतः ब्राह्मण का, विद्वानों का धर्म है। अतः अपने स्वधर्म का पालन करते हुए बुद्धिजीवियों को राजनीतिक मुद्रा नहीं अपनानी चाहिए। कठिन प्रश्नों का सामना होने पर हल्के, झूठे या बनावटी उत्तरों से संतुष्ट नहीं होना चाहिए। अंततः उस से सही राजनीति को भी मदद नहीं मिलेगी। नकली बातें असली प्रश्न को अनछुआ छोड़ देंगी। पूरा नेहरूवाद इसी हल्केपन से बना है। तभी स्वतंत्र भारत में भारतीय और हिंदू समाज की कई समस्याएं अंतहीन रूप से उलझती गई हैं। यह कड़वी सचाई पहचाननी चाहिए। इस्लामी आतंकवाद की सारी चर्चा इसी कारण निष्फल रही है, क्योंकि तथ्यहीन, बाहरी बातों के आडंबर से मामले को समझने, सुलझाने की कोशिशें होती रही हैं।

घर वापसी

घर वापसी की बात मात्र इसी आधार पर नहीं होनी चाहिए कि भारत के मुसलमान और ईसाई पहले के हिंदू थे, अतः उन्हें पुनः हिंदू बनाने का प्रयास ठीक है। उस का एक बड़ा और दार्शनिक, व्यवहारिक कारण भी है। वह यह कि इस्लाम और ईसाइयत, दोनों की वैचारिक भित्तियों को केवल भौतिक ताकत के बल पर बनाए रखा गया है। इस्लाम के प्रसंग में तो यह सीधे-सीधे हिंसा और राजनीतिक ताकत ही है। जिसे यदि हटा लिया जाए, तो उसकी वैचारिकता स्वतः ढह जाने वाली है। उस के बाद मुसलमान लोग सहज मानवीय स्थिति में आ जाएंगे, और भारतीय स्थिति में वह वृहत हिंदू परिवेश

का अंग बन जाने का ही दूसरा नाम होगा। इस में किसी बल-प्रयोग या छल-छद्म की जरूरत नहीं। उलटे केवल इस्लाम को बल और छल का सहारा लेने से अलग करने भर की जरूरत है।

जहाँ तक हिंदू समाज की स्वस्ति, सुरक्षा का प्रश्न है, तो जिन्हें भी भारत के भविष्य की चिंता है, उन्हें यह समझने में कोई कठिनाई नहीं होनी चाहिए कि 'घर-वापसी' कार्यक्रम चलाना ही एक मात्र उपाय है। इसी से भारत में हिंदू बहुसंख्या बनी रह सकती है। यदि ऐसा प्रयत्न न हुआ, तो समय के साथ इस देश में हिंदुओं का अल्पसंख्या में आ जाना अवश्यंभावी है। विगत सौ वर्ष के जनगणना के आँकड़े इसके निर्विवाद प्रमाण हैं।

और किसी मुस्लिम देश में हिंदू अल्पसंख्यक होने का क्या अर्थ है, यह तो पाकिस्तान और बंगलादेश की स्थिति से ही समझ लेना चाहिए! अतः अभी भारत जैसा है, कम से कम वैसा भी बना रहे, इसके लिए यह अनिवार्य है कि जनसांख्यिकी अनुपात और न बिगड़े। इस की गारंटी घर-वापसी कार्यक्रम को गंभीरता से चलाए बिना नहीं की जा सकती। इसे अच्छी तरह परख लेना चाहिए।

यह कहा जाता है कि घर-वापसी कार्यक्रम विभाजनकारी और अशांतिकारक है। लेकिन यही बात ईसाई मिशनरियों को कभी नहीं कही जाती! जो सदियों से भारत में खुला और संगठित धर्मांतरण कार्यक्रम चला रहे हैं। उन के कामों को तो तरह दी जाती है, उनके नेताओं को सार्वजनिक, राजनीतिक सम्मान दिया जाता है। विविध न्यायिक आयोगों की रिपोर्ट में प्रमाणित तथ्यों के दर्ज होने के बावजूद उन्हें उलटे सम्मानित किया जाता है। उन्हें 'भारत रत्न' और 'पद्म' पुरस्कार तक दिए गए हैं। अतः घर-वापसी का विरोध करने वाले निस्संदेह दोहरे मानदंड अपना रहे हैं। उन की बातों पर ध्यान न देना ही ठीक है।

लेकिन घर-वापसी हिंदुओं के हित के साथ-साथ स्वयं मुसलमानों के हित से भी जुड़ी है। यह भी बुद्धिजीवियों को देख सकना चाहिए।

मुस्लिम आपत्तियाँ

गोवा सम्मेलन में जॉर्डन के पूर्व-प्रधान मंत्री अब्दलसलाम अल-मजाली ने कोएनराड की बातों पर आपत्ति दर्ज कराई थी। उन की आपत्ति के मद्देनजर इस तथ्य पर भी विचार करें कि 18 नवंबर 2014 को जेरूशलम में पाँच यहूदी

रबाई (पुजारी) की हत्या करने वाले दो फिलीस्तीनी आतंकवादियों के सम्मान में जॉर्डनी संसद में 19 नवंबर 2014 को कुछ क्षण मौन रखा गया और कुरान की आयतें पढ़ी गईं। इसके बाद जॉर्डन के प्रधान मंत्री अब्दुल्ला इंसूर ने उन आतंकियों के परिवार को सांत्वना-संदेश का पत्र भी भेजा। निस्संदेह, इस पूरे प्रकरण का भी कुछ अर्थ है, जो एल्स्ट की बातों पर अल-मजाली की आपत्ति के संदर्भ में परखा जाना चाहिए। क्या इस का अर्थ यह है कि मुस्लिम समुदाय तो आतंकवादियों, हत्यारों को भी ठसक के साथ सम्मानित, प्रोत्साहित करता रहे—और दूसरे समुदाय किसी बिंदु पर विचार-विमर्श भी करें, तो मुस्लिमों की अनुमति लेकर?

उसी सम्मेलन में दूसरे आपत्तिकर्ता तुर्की के डॉ. एकमालुद्दीन एहसानोलु की स्थिति भी वैसी ही अंतर्विरोधी है। उन्होंने संयुक्त राष्ट्र मानवाधिकार चार्टर का हवाला देते हुए कहा कि 'आप किसी धर्म की निन्दा नहीं कर सकते'। किन्तु जिस अंतर्राष्ट्रीय संगठन ओ.आई.सी. (ऑरगेनाइजेशन ऑफ इस्लामिक कोऑपरेशन) के वे सेक्रेटरी जनरल रह चुके हैं, उसने अपना स्वयं का इस्लामी मानवाधिकार घोषणापत्र जारी किया है। उसे 'कैरो घोषणापत्र' (1990) कहा जाता है जिस पर 57 मुस्लिम देशों की स्वीकृति के हस्ताक्षर हैं। इस की अंतिम, 25वीं, धारा स्पष्ट शब्दों में कहती है कि मानवाधिकार संबंधी उन की समझ का संदर्भ केवल शरीयत, यानी इस्लामी कानून है। इस तथ्य के मद्देनजर क्या डॉ. एहसानोलू संयुक्त राष्ट्र चार्टर का हवाला दे कपट नहीं कर रहे थे? यदि उन के लिए संयुक्त राष्ट्र चार्टर से अधिक महत्वपूर्ण शरीयत है, तो दूसरों के लिए भी अभिव्यक्ति की आजादी या अपनी धर्म-चेतना, आदि क्यों नहीं सर्वोच्च हो सकती?

मुस्लिम आपत्तियों में कितना तर्क है, यह एक और उदाहरण से स्पष्ट हो सकता है। गोवा सम्मेलन में कोएनराड वाले सत्र के बाद बाहर चाय पर जॉर्डनी नेता अब्दलसलाम अल-मजाली और तुर्की नेता प्रो. डॉ. एकमालुद्दीन एहसानोलु आपस में आक्रोश प्रकट कर रहे थे कि कोएनराड को बोलने ही क्यों दिया गया! यद्यपि सत्र के दौरान दोनों में से कोई यह नहीं दिखा सके थे कि कोएनराड की कौन सी बात गलत थी?

इसलिए बाहर चाय पीते हुए उन दोनों की यह समवेत टिप्पणी सुनकर, कि 'ऐसे आदमी को बोलने ही कैसे दिया गया?' इस लेखक ने उन से पूछा : "इस्लाम तो केवल मजहब ही नहीं, बल्कि एक राजनीतिक विचारधारा भी है। इस में राज्य-व्यवस्था, कानून, दंड, आदि अभिन्न रूप से जुड़े हैं। लगभग सभी

मुस्लिम देश अपने को इस्लामी गणतंत्र जैसे आधिकारिक नाम देते हैं और इस्लामी उसूलों पर अंदरूनी ही नहीं, अंतर्राष्ट्रीय राजनीति भी चलाते हैं। तब राजनीति में तो विरोध, आलोचना, बल्कि कटु आलोचनाएं करना भी लोगों का स्वभाविक अधिकार होता है। राजनीति में पक्ष-विपक्ष एक दूसरे को पूरी तरह हराने, मिटाने की बातें करता ही है। तब एल्स्ट की बातों पर आपत्ति क्यों? उसे न बोलने देने की माँग क्या अलोकतांत्रिक, तानाशाही चाह नहीं है?" इस प्रश्न के उत्तर में दोनों ने कुछ नहीं कहा। क्षण भर वे मौन रहे। फिर नजरें घुमा कर आपस में कुछ और बातें करने लगे।

यह मुस्लिम मानसिकता का एक सामान्य उदाहरण है। वे तर्क, तथ्य नहीं, बल्कि केवल आक्रोश, धमकी, नाराजगी, आदि को ही अपनी ओर से पर्याप्त मान कर चलते हैं। इस प्रकार, देश-विदेश, हर जगह आम तौर पर मुस्लिम नेता, प्रवक्ता इस पर अपना एक प्रकार का वीटो अधिकार समझते हैं कि दूसरे लोग क्या विचार कर सकते या नहीं कर सकते। हिंदुओं की स्थिति तो विशेष रूप से शोचनीय है, जो मुस्लिमों और ईसाइयों, दोनों द्वारा 'भावनाओं के सम्मान' की आपत्ति और घुड़की चुपचाप स्वीकार करने के आदी हो चुके हैं। उन्हें अपनी बेचारगी का अहसास भी है। इसीलिए जब कोएनराड एल्स्ट जैसे विदेशी और गैर-हिंदू विद्वान उनकी भावनाओं को स्वर देते हैं तो उन्हें बड़ा सहारा-सा मिलता है! गोवा में कोएनराड को मिली अनवरत तालियों में यही बात थी। वस्तुतः एल्स्ट ने अधिकांश हिंदुओं के मौन विचारों को ही स्वर दिया था, जो वे आपस में तो कभी बोलते भी हैं, मगर सार्वजनिक रूप से कहने में सदैव हिचकते हैं। निस्संदेह, इस अस्वस्थ चलन को भी तोड़ना चाहिए।

जब मुस्लिम नेता शरीयत के सामने गैर-मुस्लिमों की भावना, कानून, विचार, आदि की परवाह नहीं करते, तो गैर-मुस्लिम भी अपने आदर्शों के लिए इस्लामी प्रतिमानों की उपेक्षा कर ही सकते हैं। तुर्की के मामले में तो बात और भी बेढब है। अभी सौ साल भी नहीं हुए, जब तुर्की के महान नेता अतातुर्क कमाल पाशा ने खलीफत को खत्म करते हुए इस्लाम को पुराने जमाने की बेकार चीज बताया था। उन के अपने शब्दों में, 'सड़ी हुई लाश जो हमारी प्रगति अवरुद्ध कर रही है'। अतातुर्क के ये शब्द याद करें :

> क्या यह खलीफत, इस्लाम, मुल्ला और ऐसे ही लोग नहीं थे जिन के कारण सदियों से तुर्की किसान हर मौसम में लड़ते और मरते रहे? समय आ गया है कि तुर्की अपने बारे में सोचे, भारतीयों और अरबों की उपेक्षा करे, उन से छुटकारा पाए, इस्लाम का नेतृत्व करने से छुटकारा पाए। तुर्की के पास अपनी

> ही बहुत समस्याएं हैं। सदियों से खलीफत ने हमें चूस कर सफेद कर दिया है। हमारे पास अब एक ही सिद्धांत है: हर समस्या को तुर्की नजरिए से देखना और तुर्की के हितों की रक्षा करना।

वस्तुतः अतातुर्क की उसी समझ और तदनुरूप नीतियों के कारण ही आज भी सभी मुस्लिम देशों में केवल तुर्की में लोकतंत्र चल रहा है। ध्यान देना चाहिए कि विगत आठ दशकों में तुर्की की पूरी प्रगति इसीलिए संभव हुई, क्योंकि अतातुर्क कमाल पाशा ने पूरे इस्लामी ताम-झाम को उखाड़ फेंका था!

सच तो यह है कि इस्लाम, कुरान, आदि के बारे में अतातुर्क ने जैसे कठोर, नकारात्मक विचार व्यक्त किए थे, जो इतने हाल का इतिहास है, उस की तुलना में एल्स्ट ने तो कुछ भी नहीं कहा! तब डॉ. एहसानोलू की आपत्ति और भी विचित्र प्रतीत होती है।

इस्लामोफोब बनाम इस्लामोफिल

यद्यपि यह डॉ. एहसानोलू का व्यक्तिगत अंतर्विरोध नहीं। वस्तुतः ओ.आई.सी. ने, यानी आम तौर पर मुस्लिम देशों की सरकारों ने, समवेत रूप से विश्व में एक विकृत मुहावरा प्रचलित किया है। वह है 'इस्लामोफोब', जिसे ईरानी तानाशाह अयातुल्ला खुमैनी ने आरंभ किया था। अपने प्रचलित अर्थ में यह शब्द विकृत ही नहीं, बल्कि भाषा का प्रदूषण भी है। मनोरोग विज्ञान से जुड़े इस शब्द का अक्षरशः अर्थ होता है 'इस्लाम से भय', किंतु ओ. आई.सी. ने इसे 'इस्लाम से घृणा' के अर्थ में चलाया है। जबकि फोबिया का अर्थ कहीं घृणा नहीं होता, इसलिए यह भाषा को प्रदूषित करना है। दूसरे, यह इस्लाम के आलोचकों के रोगी, बीमार होने का संकेत करता है, जो अधिक गंभीर बात है। क्योंकि यह वस्तुतः लोगों के मुँह पर ताला लगाकर इस्लाम पर विचार-विमर्श को ही जबरन रोकने की तकनीक है। डॉ. एहसानोलू ने इसी तानाशाही मानसिकता से गोवा में एल्स्ट को न बोलने देने की माँग की थी। यह देखते हुए कि स्वयं तुर्की के महान नेता अतातुर्क की तुलना में एल्स्ट ने कितनी मामूली बातें कही, मुस्लिम नेताओं की अहंकारी, विशेषाधिकारी, तानाशाही मंशा समझी जानी चाहिए।

डॉ. एहसानोलू के विपरीत डॉ. एल्स्ट ने जिस शब्द का प्रयोग किया, 'इस्लामोफिल', वह सहज, सटीक और सम्मानजनक था। यह भी मनोविज्ञान से

जुड़ा शब्द है, जिसका अर्थ होता है 'इस्लाम से प्रेम करने वाला', यानी जो इस्लाम की कमियों, बुराइयों को नहीं देखना चाहता। यह केवल वर्णनात्मक शब्द है, अपमानजनक नहीं, जो सहज प्रयोग किया जा सकता है।

उदाहरण के लिए, जब सितंबर 2001 में इस्लामी आतंकवादियों ने न्यूयॉर्क के ट्विन-टॉवर पर हमला कर 3,000 नागरिकों को मार डाला, तो बड़ी संख्या में नेता लोग उन मृतकों के प्रति एकता दिखाने के बदले मस्जिदों में जाकर मुस्लिम समुदाय के साथ एकजुटता दिखाने गए! यह निस्संदेह इस्लाम के प्रति प्रेम का प्रदर्शन था। नहीं तो उन तीन हजार निर्दोष गैर-मुस्लिम नागरिकों का मस्जिद से क्या संबध था? मस्जिद से तो संबंध उन 11 सऊदी आतंकवादियों का था, जिन्होंने घोषित और लिखित रूप से कुरान का हवाला देकर उन तीन हजार निरीह लोगों को मारा था। इसलिए सीधा कारण बनता था कि आतंकवादियों की कथनी-करनी, दोनों के मद्देनजर इस की परख की जाती कि उनके कारनामे का इस्लाम और कुरान से क्या संबध है। लेकिन इसे मनमाने तौर पर ठुकरा कर, उलटे मस्जिद जाकर नेताओं ने किस के प्रति, और क्या एकजुटता दिखाई! इसी प्रवृत्ति के लिए 'इस्लामोफिल' विशेषण का प्रयोग होता है, जो सचाई का प्रत्यक्ष वर्णन भर है। कि इस्लाम के संबंध में कितनी ही प्रमाणित और स्वघोषित नकारात्मक बातें समाने आएं, उसे अनदेखा किया जाएगा। जैसे कोई अपने प्रेम-पात्र की कमजोरियाँ नहीं देखता या नहीं देखना चाहता।

इस प्रकार, आतंकवाद पर विचार-विमर्श में 'इस्लामोफोब' और 'इस्लामोफिल' का अंतर और उपयुक्तता स्वयं देखने-परखने की चीज है। दुनिया भर के मीडिया और राजनीति में इसके प्रसंग नित्य-प्रति आते रहते हैं। इसे खुले मस्तिष्क से जाँचना चाहिए। तब डॉ. एहसानोलू और डॉ. एल्स्ट का वाद-विवाद और भी सही तरीके से समझा जा सकेगा।

उदारवादी मुस्लिम

'उदारवादी मुस्लिम' का अर्थ भी पूरे प्रसंग में विचारणीय है। विभिन्न देश और समाज में इस के अर्थ कुछ भिन्न भी हैं। किन्तु एक समान तत्व यह है कि ऐसे मुस्लिमों की कुछ बातें, व्यवहार और प्रवृत्तियाँ इस्लाम से इतर विचारों, व्यवहारों और नैतिकता से निर्देशित या प्रभावित दिखती हैं। अलग-अलग मुसलमानों में यह सहज मानवीय भावनाएं भी होती हैं जिसका किसी

धर्म-मजहब से लेना-देना नहीं होता या फिर यह गैर-मुस्लिम समाजों की नैतिकता, रीति-रिवाजों का प्रभाव भी होता है।

हालाँकि उदारवादी कहलाने वाले मुस्लिमों में एक ऐसा हिस्सा भी है जो वास्तव में उदार नहीं, बल्कि ऊपरी हाव-भाव में या फिर भ्रमवश वैसा मान लिया जाता है। किन्तु जो सचमुच उदारवादी हैं, उनकी स्थिति दुविधापूर्ण रहती है। उन्हें प्रायः ऐसे बिंदुओं पर अपनी समझ बनाने या व्यक्त करने में कठिनाई होती है, जहाँ इस्लामी नजरिया और मानवीय नजरिए में विरोध मिलता है।

तब उन्हें दुविधा होती है: किसे वरीयता दें? किस आधार पर मूल्यांकन करें? यह केवल जिहादी आतंक के प्रश्न पर नहीं, बल्कि शरीयत के मध्ययुगीन कानून, लोकतंत्र, सेक्यूलर राज्य, कुफ्र, दारुल-इस्लाम, दारुल-हर्ब, जिम्मी, हिजरत, जैसी धारणाएं, या स्त्रियों और काफिरों के प्रति नीति, कुरान-हदीस जैसी किताबों की वर्तमान मूल्यवत्ता, अभिव्यक्ति स्वतंत्रता, उम्मत बड़ी या मानवता, इस्लामी विश्वास या वैज्ञानिक, यथार्थ सत्य, आदि अनेक विषय प्रायः उठते हैं जहाँ उदार मुसलमानों को वास्तविक कठिनाई झेलनी पड़ती है। मुस्लिम देशों में भी और यूरोप, अमेरिका, भारत जैसे गैर-मुस्लिम वर्चस्व वाले देशों में भी।

कोएनराड इस से निकलने का एक मात्र मार्ग मानते हैं कि मनुष्य को अपनी अंतरात्मा की आवाज सुननी चाहिए। वही न्याय, सत्य और शान्ति का मार्ग है। अतः यदि जिहादी आतंक अनुचित लगे, तो इस्लामी निर्देश या पैगंबर के उदाहरण का हवाला देने पर उस से भी दूरी बनाने में हिचकना नहीं चाहिए। यह कोशिश फिजूल है कि कुरान के आदेश या पैगम्बर के वैसे कार्य का यह नहीं, वह संदर्भ था। क्योंकि हर हाल में ऐसे दो-टूक चुनाव करने के अवसर आएंगे ही कि सहज मानवीय समझ को महत्व दें या हदीस के निर्देश को? कितना भी शाब्दिक नाट्य इनमें ताल-मेल सदैव नहीं बिठा सकता।

दूसरे, कुरान या हदीस की व्याख्या के अधिकारी सामान्य या अदद मुसलमान नहीं हैं। आम मुसलमानों के लिए, चाहे-अनचाहे, स्वेच्छया या जबरदस्ती, वही व्याख्या मान्य होगी जो कोई ईमाम, अयातुल्ला या मुफ्ती देगा। अतएव, किसी उदारवादी मुसलमान द्वारा इस्लामी निर्देशों की उदार व्याख्या का वैसे भी कोई मोल नहीं है। अतः हर हाल में ऐसे दुविधा भरे क्षणों में निरपवाद रूप से अपनी अंतरात्मा की आवाज को वरीयता देनी चाहिए। यह कहने में हिचक छोड़नी होगी कि इस्लाम, कुरान या हदीस की सभी बातें न मानें।

विशेषकर वे जो आक्रामकता, हिंसा और बर्बरता प्रेरित करती हैं। इस का प्रमाण व्यवहार को मानना चाहिए न कि किन्हीं घोषणाओं को। यदि मुस्लिम युवक और संगठन किन्हीं आयतों, हदीसों, विश्वासों से प्रेरित होकर आतंक और हत्याएं बरपा करते हैं, और बार-बार यही पाए जाने पर, तब मानना ही चाहिए कि वे विश्वास, विचार ही वैसी हिंसा के मूल स्रोत हैं। अतः वे विचार त्याज्य हैं। इस से कतरा कर दुविधा का कोई समाधान नहीं।

इस्लाम और मुसलमान

इसीलिए कोएनराड इस्लाम और मुसलमान के बीच कड़ाई से भेद करते हैं। यह बुनियादी बिंदु है, अन्यथा सारी चर्चा गड्ड-मड्ड हो जाती है। इस्लामवादी और इस्लाम-परस्त इस भेद को जान-बूझ कर मिटाते या धुँधला करते हैं। जबकि कोएनराड जोर देते हैं कि यह भेद तो स्वयं इस्लामी मजहबी-दर्शन ने पूरी सख्ती से स्वयं किया है। इस के अनुसार, इस्लाम तो अल्लाह का दिया हुआ, अपरिवर्तनीय, स्थाई संदेश और निर्देश है, जो मानवीय विचारों से ऊपर है। जबकि मुस्लिम समुदाय तो मनुष्य हैं जो गलतियाँ करते हैं, कर सकते हैं, गिरते हैं, गिर सकते हैं, मरते हैं, मर सकते हैं। अतः विचार-विमर्श में एक को दूसरे का पर्याय बनाने की कोशिश साफ गलती है।

एक धर्म और उसका मानने वाला स्पष्टतः दो चीजें हैं। अतः किसी धर्म की आलोचना उसके मानने वाले की निंदा नहीं है। ऐसा करना मामले को भटकाना है।

यदि किसी धर्म-दर्शन में विचार, तर्क, बुद्धि, सत्य, आदि का बल है, तो उस में अपने बूते अपना बचाव करने की क्षमता होनी चाहिए। न कि अपने अनुयायियों की संख्या, संगठन, ताकत या हिंसा बल से। यही असली बात है, जिस से बचने के लिए इस्लाम की आलोचना को 'मुस्लिम-विरोधी घृणा फैलाना' कहकर बात बदलने की प्रायः सफल कोशिश होती है। इसलिए इस पर जोर देना जरूरी है कि इस्लाम और मुसलमान में भेद केवल इस्लाम के आलोचक ही नहीं, स्वयं इस्लाम भी करता है। इस से इंकार नहीं हो सकता।

यह इस से भी स्पष्ट होता है कि अलग-अलग मुस्लिम समुदायों में कई रिवाज बिल्कुल भिन्न हैं। तब क्या कहें कि कई तरह के इस्लाम हैं? कोई आलिम ऐसा नहीं कहता। वे इस्लाम को, कुरान को, पैगंबर को, सुन्ना को, एक और केवल एक मानते हैं। लेकिन मुस्लिमों के व्यवहार भिन्न हैं। भाषा, रीति,

पोशाक, यहाँ तक कि कई नियम भी भिन्न मिलते हैं। जैसे, कई मुस्लिम देश स्त्री-खतना (संयुक्त राष्ट्र की शब्दावली में फीमेल जेनाइटल म्यूटीलेशन, या एफ.जी.एम.) को अनिवार्य कानून मानते हैं। जबकि कई दूसरे मुस्लिम देशों में यह बिल्कुल नहीं है। बल्कि वहाँ ऐसी चीज कोई जानता तक नहीं। उसी तरह, पेशावर में स्कूल में मुस्लिम बच्चों को मार डालने को देवबंदी तालिबान इस्लाम के अनुरूप मानते हैं। इसीलिए कई मौलानाओं ने उस हत्याकांड की भर्त्सना नहीं की। लेकिन, पैगंबर के जीवन को कानूनी आधार मानने पर उसे गैर-इस्लामी ही माना जाएगा।

दूसरी ओर, अधिकांश इस्लामी निर्देश ऐसे हैं जिन पर कोई विवाद नहीं है। जैसे, पैगंबर का विरोध करने वाले को मार डालना। इस की पुष्टि न केवल पैगंबर के अपने जीवन व्यवहार से होती है, बल्कि अनगिनत इस्लामी आलिमों, अदालती फैसलों की पूरी सूची इस की बेहिचक पुष्टि करती है। ऐसे मुद्दों पर उदारवादी मुस्लिम के लिए बड़ी कठिनाई आती है। उसे या तो कहना पड़ेगा कि उसका मजहब आर्य-समाजियों को, नगीब महफूज, सलमान रुशदी या वफा सुलतान, जैसे लेखकों और 'शार्ली अब्दो' पत्रकारों को मार डालने का निर्देश देता है; या फिर उसे नकली बात कहनी पड़ती है कि लेखकों को या पैगंबर से असहमति रखने वालों को मारना इस्लाम के विरुद्ध है।

यह पूरे प्रसंग को सीधे-सीधे सचाई और विवेक के आमने-सामने खड़ा कर देता है। जहाँ इस्लाम को सदैव कठिनाई होती है। वह अपने मजहबी विश्वासों, नजीरों और मानवीय विवेक का ताल-मेल नहीं बिठा सकता। इसलिए फौरन ही मामला चुनाव पर पहुँच जाता है: मुहम्मद या मानवीयता? इस्लाम या इन्सानियत? इस से बचना असंभव है। क्योंकि किसी लेखिका को केवल यह कहने के लिए मार डालना कि 'इस्लाम पुरानी चीज हो चुकी है' या 'कुरान स्त्रियों को नीच मानता है', मानवीयता की दृष्टि से अनुचित है। लेकिन मुहम्मद की दृष्टि से? इसी कारण जिहादी आतंकियों की रस्मी निंदा कोई अर्थ नहीं रखती, जब तक उन की वैचारिक प्रेरणाओं की निंदा नहीं की जाती।

क्योंकि बात केवल आतंकवाद भर की नहीं है। बुद्ध-मूर्तियों को तोड़ना, स्टूडियो-फिल्में जलाना, स्कूल या ब्यूटी-पार्लर जाने वाली स्त्रियों को गोली मारना, गैर-मुस्लिम लड़कियों का अपहरण, बलात्कार और जबरन धर्मांतरण, एक बार में चार बीवियाँ, तीन-तलाक, ऐसे रिवाजों का मनमाना उपयोग, गैर-मुस्लिमों को कानूनी तौर से नीचा रखना, आदि कई मुद्दे उसी तरह कसौटी की समस्या खड़ी

करते हैं। यदि इस्लामी निर्देश और इतिहास को प्रमाण माना जाएगा तो ऐसा करने वालों को इस्लामी अदालतें दोषी नहीं ठहरा सकती।

यह इस से भी जग-जाहिर है कि नीचतम कारनामे करने वाले तालिबानों, बोको हराम, आदि को कहीं भी 'इस्लाम के दुश्मन' कहकर दंडित करने, मार डालने की आवेशपूर्ण माँग न मुस्लिम नेता करते हैं न आलिम, उलेमा। इस की तुलना जरा तसलीमा नसरीन जैसों के विरुद्ध इनके क्रोध से करें, तो साफ दिख जाता है कि बोको हराम, अल कायदा, तालिबान, इंडियन मुजाहिदीन, आदि के क्रूर से क्रूर और वीभत्स से वीभत्स कारनामों पर मुसलमान बुरा नहीं मानते! अतः रस्मी तौर 'इस्लाम शान्ति का मजहब है' कहना और व्यवहार में हजारों लोगों की हत्याएं, मनमाने विध्वंस करते रहने वालों का सक्रिय बचाव करना, जबकि दो मामूली आलोचनात्मक शब्द कहने वाले को सीधे मार डालने की माँग करना—इन सब अंतर्विरोधी व्यवहारों, कृत्यों का निष्कर्ष थोड़ी भी जाँच-पड़ताल से स्वतः सामने आ जाता है।

हालाँकि यह भी सच है कि बड़ी संख्या में आम मुसलमान भी इन बिंदुओं पर सचेत नहीं हैं। वे अपने मजहब, इतिहास, पैगंबर और सुन्ना के बारे में ठीक या विस्तार से नहीं जानते। एक हिस्सा वे हैं जिनके मन में अपने पैगंबर और मजहब की एक आदर्श तस्वीर है। वैसे ही, जैसे सोवियत युग में आम रूसियों के मन में लेनिन और मार्क्सवाद की थी। ऐसे मुसलमान सचमुच महसूस करते हैं कि यह मनमाना आतंकवाद वह मजहब नहीं हो सकता जिसे वे मानते हैं। लेकिन दूसरे जानकार मुसलमान भी हैं जो सचाई जानते हैं। उन्होंने मुहम्मद की विविध जीवनियाँ पढ़ी हैं, हदीस का अध्ययन किया और शरीयत की विभिन्न व्याख्याएं पढ़ी हैं। वे जानते हैं कि आलोचकों की हत्याओं से अपने मजहब को अलग करते हुए वे झूठ बोल रहे हैं। दुर्भाग्य यह कि ऐसा करते हुए उन्हें कचोट भी नहीं होती, क्योंकि उसी मजहब ने उन्हें इस की भी छूट दी है कि मजहब के बचाव के लिए झूठ भी बोला जा सकता है ('अल तकिया')। इसलिए, वे गैर-मुस्लिमों के अज्ञान का लाभ उठाते हुए कहते हैं कि 'कोई मजहब हिंसा की सीख नहीं देता'। ऐसा कहने वाले मुस्लिम वास्तव में उदारवादी नहीं हैं।

लेकिन जो मुस्लिम सच्चे उदार हैं, जिन्हें जिहादियों द्वारा की जाने वाली हत्याएं, अपहरण, बलात्कार, आदि से वितृष्णा होती हैं, उनकी तुलना ऐसे लोगों से की जा सकती है जिन्हें विरासत में कोई बंद बक्सा मिला हो, जिसमें विष भरा हो। लेकिन जो यूँ ही घर में पड़ा रहा हो, जिसे कोई देखता नहीं। बक्सा

उसी तरह, बंद आगे भी नई पीढ़ी को हस्तांतरित होता रहा हो। इसी क्रम में कभी, कोई संतान उसे खोलकर देखे और उस का उपयोग करे, तब जो होता है वही है तालिबान, अल कायदा और इस्लामी स्टेट में जाकर नाम लिखा लेना। ऐसे युवा ही उस में शामिल होते हैं जिन्होंने उस उपेक्षित बक्से की चीज निकाल कर उसे गंभीरता से लागू करना तय किया। यह खुद परखने की चीज है कि अधिकांश आधुनिक जिहादी उन उदारवादी परिवारों की संतानें ही हैं, जो पढ़े-लिखे, खाते-पीते, आधुनिक हैं। कोएनराड के अनुसार ऐसा होना तर्कहीन नहीं है।

इस्लामी इतिहास के अनुसार ही उस में अधिकांश धर्मांतरण भय, दबाव या लोभवश ही हुए थे। ऐसे धर्मांतरित लोगों में अधिकांश ने शायद ही कभी गंभीरता से इस्लामी किताबों या कानूनों का अध्ययन किया। नाम बदलने या बदल दिए जाने तथा कुछ जरूरी बाह्याचार अपना लेने भर से वे मुस्लिम हो गए, और पीढ़ियों तक ऐसा जीवन चलता रहा। स्वयं भारत में बीसवीं सदी में भी बड़ी संख्या में मुसलमान पुराने, हिंदू तरीकों से जीते रहे। हिंदू रीति-रिवाजों से चलते रहे। यह तथ्य ऐतिहासिक, कानूनी तौर से प्रमाणित तो है ही, खुद अरब-पलट भारतीय आलिमों ने बीसवीं सदी में इस पर खूब हाय-तौबा की कि भारत में मुसलमान तो बस नाम के मुसलमान हैं। कि वे कई चीजों में हिंदुओं से शायद ही भिन्न हैं।

इसीलिए यहाँ 'तबलीग' आंदोलन चला था, जो मुसलमानों को हर चीज में हिंदुओं से अलग करने का ही दूसरा नाम था। कपड़े, टोपी, दाढ़ी, कई पर्व-त्योहारों का त्याग, खान-पान, आदि में उन्हें पक्का मुसलमान बनाने की कोशिश ही इस तबलीग का आरंभ था। अतः तब तक या अब तक करोड़ों मुसलमान यदि पीढ़ियों से शांति, सरलता, मेल-जोल से रहते रहे तो इस का अर्थ यही है कि उन्होंने बक्सा खोलकर उस विषैली सामग्री का उपयोग नहीं किया, जो उन्हें दी गई थी। मगर, जब और जो उस का उपयोग करने की ठान ले, तब वह उस से अधिक भिन्न नहीं करेगा जो तालिबान आदि करते हैं।

ऐसी बातों, चिन्ताओं को 'इस्लामोफोबिया' कहते हुए कुछ लोग व्यंग्य करते हैं कि हर समस्या की जड़ इस्लाम को बताना एक सनक है। लेकिन वे कभी नहीं बताते कि इस्लाम का वह कौन आलोचक है, जो हर समस्या का कारण इस्लाम को बताता है? वस्तुतः यह आरोप सही नहीं है। उदाहरण के लिए, कोएनराड ने ही भारत और पश्चिमी देशों की अनेक राजनीतिक,

बौद्धिक, दार्शनिक समस्याओं पर लिखा है जिस में इस्लाम का शायद ही कुछ लेना-देना है।

बात यह है कि चूँकि इस्लामवादी (जिनमें जिहादी, उग्रवादी और कट्टरपंथी सभी तरह के लोग आते हैं) प्रचारक, प्रवक्ता बड़े विश्वास के साथ हर समस्या का समाधान इस्लाम को बताते हैं। अतः इस्लाम-परस्त बुद्धिजीवी कल्पना कर लेते हैं मानो उनके आलोचक ठीक उलटा सोचते, यानी हर समस्या को इस्लाम से जोड़ते हैं। जबकि ऐसा नहीं है। संजीदा आलोचक जाँचने-परखने योग्य बातें रखते हैं, जिन पर उसी संजीदगी से विचार करना चाहिए। तब वस्तुस्थिति स्पष्ट होगी, और सब को लाभ हो सकेगा।

'गंदी' बातें

आलोचकों का एक वर्ग ऐसा है जो अप्रिय सत्य सुनते ही कहने वाले को ही गंदा, ओछा मान बैठता है। सचमुच भारत में इस्लाम संबधी विमर्श में यह एक विशेष रूप से कठिन स्थिति है। लंबे समय से यहाँ धर्म-ईश्वर संबंधी कई बातें जैसे 'सभी धर्म एक जैसे हैं', या 'सर्व-धर्म सम-भाव', आदि—बड़े-बड़े लोगों द्वारा इस विश्वास से कही जाती रही हैं, और उन्हें इतनी बार सुनाया गया है कि उस के सीधे विपरीत पड़ने वाली कोई बात सुनकर हम असहज हो उठते हैं। उदाहरण के लिए, यह बात कि पैगंबर ने बलात्कार की अनदेखी की या उसे आपत्तिजनक नहीं माना। कि उन्होंने छापे मारे, लोगों को गुलाम बनाया, रखा और बेचा। कि उन्होंने अपने आलोचकों की हत्याएं करवाई। कि पैगबंर के सभी कथन और उनके किए गए सभी काम इस्लामी अदालतों में वैध नजीर माने जाते हैं, जिनके अनुरूप काम करना मुसलमानों के लिए सही है। कि ईराक, सीरिया में इस्लाम स्टेट जो कर रहा है वह पैगंबर के किए अनेक कार्यों का अनुकरण ही है। इन्हीं कथनों को 'गंदा' कहकर कुछ लोग कान मूँद लेते हैं।

लेकिन क्या ऐसे आलोचकों को 'गंदा' साबित करने का सबसे सरल उपाय यह नहीं है कि उक्त कथनों को गलत साबित कर दिया जाए? जैसे, पैगंबर की आधिकारिक जीवनियों में, या मूल इस्लामी स्रोतों में, यह दिखा दिया जाए कि उन्होंने बंदियों, या पराजित लोगों की औरतों के साथ बलात्कार से मना किया था? कि उन्होंने लोगों को लूटने, गुलाम बनाने से रोका था? और, यह भी कि आज इस्लामी अदालतें जिहादियों के कार्य को अवैध मानती हैं, इस के बावजूद कि वैसे कई कार्य खुद पैगंबर ने किए थे?

दुर्भाग्य से इस सरल उपाय को छोड़कर अधिकांश लोग 'सच्चे इस्लाम' पर अपना काल्पनिक भाषण देने लगते हैं। अथवा जहाँ-तहाँ से किसी की कोई उक्ति उठाकर उसकी मानवतावादी व्याख्या करने लगते हैं। इस तरह अनाधिकारिक रूप से वैसे निष्कर्ष लेते हैं जो आधिकारिक इस्लामी प्रवक्ता, मंच या शरीयत अदालतें कभी नहीं देतीं। इसीलिए, इस्लाम पर वैसी बातें जो गाँधीवादी, सेक्यूलरवादी या लिबरल-वामपंथी बुद्धिजीवी कहते रहते हैं, वह उन्हीं लोगों को कायल करती हैं, जो यही सुनने के लिए तैयार बैठे हैं। लोग तो चाहते ही हैं कि कोई उन्हें आश्वस्त कर दे कि इस्लाम से कोई समस्या नहीं (जो उन्हें रोज-रोज महसूस होता है कि कुछ तो जरूर है), ताकि कोई कठिन प्रयत्न करने का कष्ट न उठाना पड़े। सारी गड़बड़ी जिहादियों में है, जो गड़बड़ किस्म के लोग हैं, उन्हें मार कर या जेल में डाल कर समस्या-समाधान का उपाय किया जाए, और यह सरकारों का काम है। सामान्य लोग तो यही सब सुनना ही चाहते हैं।

किन्तु उन्हें ऐसी आसान बातें कहने वाले कभी नहीं विचार करते कि यह 'सच्चे इस्लाम' वाली मधुर बातें तालिबानों, हमास, अल कायदा, इंडियन मुजाहिदीन, इस्लामी स्टेट, बोको हराम, आदि के हजारों, लाखों नेताओं, कार्यकर्ताओं, समर्थकों को क्यों नहीं कायल करतीं? आखिर जब वे भी इस्लाम का ही हवाला देते हैं, तो उन के वैचारिक स्रोत क्या हैं? क्या वह एक ही हैं या उस से भिन्न हैं जो हमारे गाँधीवादियों, सेक्यूलरवादियों के हैं?

केंद्रीय प्रश्न

यह प्रश्न केंद्रीय प्रश्न है। क्योंकि असली समस्या तो उन जिहादियों को कायल करना है जो सालाना हजारों निर्दोष लोगों की वीभत्स हत्याएं कर रहे हैं! जो दशकों, बल्कि सदियों से हो रहा है। गोवा, दिल्ली या वाशिंगटन के सुखद सभागार में बैठे गैर-मुस्लिम और सज्जन श्रोताओं को 'सच्चे इस्लाम' का सुखद संदेश देने का कोई अर्थ नहीं, यदि उन से जिहादी अपनी गलती न समझें। लेकिन वह तब तक नहीं होगा, जब तक कि इस्लाम के अधिकारी मौलाना, मुफ्ती, अयातुल्ला, ईमाम भी वही संदेश नहीं देते, और दुनिया भर की मस्जिदों से नहीं दुहराते। चूँकि ऐसा कुछ नहीं होता, इसलिए सेक्यूलर बद्धिजीवियों को अपने भ्रम की परीक्षा करनी चाहिए, और दूसरों को भी भ्रमित करने से दूर रहना चाहिए।

इसलिए जब जिहादी कहते हैं कि वे इस्लामी किताबों को लागू कर रहे हैं, तो उन पर विश्वास करना चाहिए। जैसा साइंस में है, कि हरेक सिद्धांत एक जैसा नहीं होता। कुछ बिलकुल गलत साबित होते हैं, तो कुछ उपलब्ध तथ्यों, व्यवहारों से सही साबित होते हैं। वैसे ही विभिन्न धर्म-मजहबों के साथ भी है। कोई बिलुकल ही अनुपयुक्त प्रमाणित हो सकता है, जबकि दूसरा अपनी कमियों के बावजूद सही हो सकता है। अतः हरेक धर्म-मजहब को एक जैसा अच्छा या बुरा बताने की कोई तुक नहीं है। आखिर इस्लामी आतंकवाद की तरह क्या कोई जैन आतंकवाद भी रहा है?

अभी हाल में, नाइजीरिया में बोको हरम ने सैकड़ों स्कूली लड़कियों का अपहरण कर पहला काम उन्हें इस्लाम में धर्मांतरित करने का ही किया। फिर जो किया वह भी सब जानते हैं। यह वे बार-बार दोहरा भी रहे हैं। उन में गैर-इस्लामी क्या है, यानी जो इस्लाम के अनुयायियों ने अधिकारपूर्वक पहले न किया हो? आज कहाँ हैं वे लोग जो कुछ महीने पहले उन नाइजीरियाई लड़कियों को वापस लाने की बातें करते थे? अब वह बात भी कोई नहीं करता। वह घटना आई-गई हुई! ऐसी हजारों-हजार घटनाएं इस्लामी इतिहास में मौजूद हैं। आम तौर पर मुस्लिम नेता, आलिम, आदि उन्हें अपवाद, असहज, गलत, आदि नहीं समझते। अभी-अभी नए इस्लामी स्टेट के खलीफत शासन ने गुलामों की खरीद-बिक्री प्रथा को आधिकारिक रूप से पुनः आरंभ किया है। इस पर मुस्लिम विश्व की प्रतिक्रिया क्या है?

तथ्यों के ऐसे विशाल अंबार के बावजूद गैर-मुस्लिम बुद्धिजीवी आँखे और बुद्धि, दोनों को बंद कर लिखते-बोलते रहते हैं। जब पैगंबर के अपमान के नाम पर सलमान रुशदी को मार डालने का फतवा दिया गया, तब अनेकानेक गैर-मुस्लिम बुद्धिजीवी मानो रातो-रात इस्लाम के विशेषज्ञ बन बैठे! एक स्वर में बोलने लगे कि ऐसे फतवे का इस्लाम की शिक्षाओं से कोई लेना-देना नहीं है। मगर किसी को फुर्सत नहीं हुई कि उसी विषय पर जे.एन.यू., नई दिल्ली के प्रो. मोहसिन उसमानी नदवी की 66 पृष्ठों की पूरी पुस्तक *अहानते रसूल की सजा* (इस्लामी रिसर्च सेंटर, जाकिर नगर, दिल्ली, 1989) को पढ़े, समझे और उत्तर दे। जिसमें इन प्रोफेसर ने प्रमाणिक रूप से इस्लामी इतिहास और कानून को विस्तार से रखते हुए निष्कर्ष दिया था कि बिलुकल आरंभ से ही पैगंबर के अपमान की एक ही सजा है: मौत। तो क्या प्रोफेसर कोई 'गंदी' बात कह रहे थे? या सच्ची बात कह रहे थे, जिसे हम सुनना नहीं चाहते, और अपनी ही खाम-ख्याली को 'सच्चा इस्लाम' कहकर खुद ही संतुष्ट होकर घर बैठ

जाते हैं? और हाँ, यह भी विचारें, कि ऐसे प्रोफेसर उदारवादी हैं या जिहादी, जिन्हें भारत के केंद्रीय विश्वविद्यालय में पद-स्थापन मिलता रहा है?

उसी तरह, जब तालिबान ने पूरी दुनिया को नोटिस देकर, इतमीनान से, बामियान की ऐतिहासिक बुद्ध प्रतिमाओं को तोड़ा, तब भी ऐसा ही दृश्य दिखा। दुनिया भर के लोकतांत्रिक देशों के सारे टी.वी. चौनल, यानी पूरे गैर-मुस्लिम विश्व के पत्रकार, बुद्धिजीवी, नेता यही कहते पाए गए कि यह सच्चा इस्लाम नहीं। जबकि तालिबान बखूबी जानते थे कि सभी मूर्तियों को तोड़ डालना पैगंबर का स्थाई हुक्म है, और उन्होंने खुद काबा में यही करके खुद शुरुआत की थी। इसलिए इस्लामी कानून के हिसाब से तालिबान का वह काम, बल्कि उसके सभी काम बिल्कुल ठीक थे। लेकिन जो लोग अपनी सदभावना से कथित सच्चे इस्लाम का कोई और रूप दिखाना चाहते हैं, उन्हें प्रमाणिकता की कोई कसौटी तो अपनानी चाहिए। साथ ही, जिहाद, अपहरण, बलात्कार और जबरन धर्मांतरण, मौत के फतवे, गुलामों का बाजार, आदि चलाने वालों को समझा कर उस की परख करनी चाहिए। अन्यथा उनकी बातें स्वयं भ्रमित होने के साथ-साथ दूसरों को भी भ्रमित करने के सिवा कुछ नहीं। यह अनुचित ही नहीं, घातक भी है।

कुछ सेक्यूलरवादी, गाँधीवादी लोग और बुद्धिजीवी मुसलमान भी इस्लामी पाठों, मुहावरों, शब्दों के रहस्यमय, सुंदर और सूफियाना अर्थ बताने में व्यस्त रहते हैं। वे भूल जाते हैं कि पूरा मुस्लिम विश्व वे अर्थ नहीं पढ़ता। जो पढ़ता है, वह आधिकारिक मदरसों, उन के प्रकाशन और व्याख्याएं होती हैं। जिन सूफियों का भारत में खूब प्रचार है, उन्हें अरब और मुस्लिम जगत में कोई जानता तक नहीं। जिन्हें वे जानते हैं वे निरपवाद रूप से ऐसे सूफी थे, जिन्होंने छल-बल से इस्लाम को फैलाने के सिवा कुछ और नहीं किया। यहीं, भारत में गुलबर्गा में तेरहवीं सदी के सूफी सैयद हुसम अल-दीन तेग बरान्हा के नाम में ही तेग बरान्हा यानी 'नंगी तलवार' जुड़ा हुआ है, जो वे हाथ में लिए चलते थे। मुहम्मद इब्राहीम जुबैरी द्वारा संकलित *रौजत-अल-औलिया* तथा अब्दुल जब्बार मल्कापुरी द्वारा दो खंडों में संकलित *तजकिरा-ए-औलिया-ए-दकन* (हैदराबाद, 1912-13) में ऐसे अनेक सूफियों की जीवनियाँ हैं।

इसलिए प्रायः सूफी इस्लामी विस्तारवाद के सचेत अंग रहे हैं। वे किसी नए इलाके पर कब्जे को जाने वाली इस्लामी सेनाओं के साथ जाते और लड़ते थे। जैसे, पीर मबारी खंदायत। वे दिल्ली से अल्लाउद्दीन खिलजी की सेनाओं के साथ दक्षिण गए और बीजापुर पर नियंत्रण करने में बड़ी भूमिका निभाई थी। इसीलिए

अनातोलिया से लेकर अफगानिस्तान तक, ऐसे कई सूफी एक साथ 'गाजी' (जिहादी लड़ाई करने वाले) और 'औलिया' दोनों कहलाते थे। 'गाजी-बाबा' शब्द का चलन उसी से हुआ जो आज भी तालिबानों के बीच प्रचलित है। दक्षिण-पश्चिमी भारत में अरब से आए शेख सूफी सरमस्त की ख्याति अपने चुने हुए लड़ाकों के साथ सैनिक अभियान चलाकर हिंदू राजाओं के खात्मे की ही है। इसलिए 'सूफी' विचार, संगीत आदि नाम से भारतीय शिक्षित वर्ग जो जानता है, वह सच नहीं है। जिन्हें वह जानता है, यानी बुल्लेशाह जैसे सूफी को, उन्हें मुस्लिम जगत में निरादर से देखा जाता है। मशहूर विद्वान अल्लामा इकबाल ने ऐसे सूफियों को 'इस्लाम के राजनीतिक पतन के दौर की उपज' बताया था जब 'इस्लाम में आलस्य और जड़ता' आ गई थी।

उसी तरह, कई बुद्धिजीवी 'जिहाद' जैसे शब्दों का आध्यात्मिक अर्थ बताने में लगे रहते हैं। वे साफ भूलते हैं कि वह अर्थ आम मुस्लिम नहीं जानता। क्योंकि उसके अपने ईमाम, मुफ्ती और अयातुल्ला उस का अर्थ सदियों से और विस्तार से कुछ और ही बताते रहे हैं। जैसे, अयातुल्ला खुमैनी के अनुसार, "जिहाद का मतलब है सभी गैर-मुस्लिम धरती को जीत लेना। वैसा युद्ध एक सच्ची इस्लामी सरकार बनने के बाद इस्लामी ईमाम के निर्देश या उसके आदेश पर घोषित किया जा सकता है। तब सभी स्वस्थ पुरुषों का कर्तव्य होगा कि वे इस जीत के लिए लड़े जाने वाले युद्ध के स्वयंसेवक बनें, जिसका अंतिम लक्ष्य है इस धरती के एक छोर से दूसरे छोर तक कुरान के कानून को सत्ताधारी बनाना।" यदि कुछ संदेह बचा रहता हो, तो उन्हीं की इस बात पर भी विचार करें, जो इतिहास और दर्शन दोनों ही व्याख्यायित करता है, "इस्लाम ने मुस्लिम समाज के हित के लिए अनगिनत लोगों का खात्मा किया है। इस्लाम ने अनेको समूहों को मिटा दिया क्योंकि वे अपवित्र आचरण के स्रोत और मुस्लिमों के हित के लिए नुकसानदेह थे।" कृपया स्मरण रखें, खुमैनी राजनेता बाद में बने, मूलतः वे दशकों से इस्लाम के आधिकारिक विद्वान और व्याख्याकार थे।

उसी तरह, 'दया' (mercy) जैसा शब्द भी जितना सुंदर लगता है, जरूरी नहीं कि इस्लामी व्याख्या में उसका वही अर्थ हो। उदाहरण के लिए, जब सलमान रुश्दी पर मौत का फतवा दिया गया था, तब एक लेखक ने इसे अनुचित मानते हुए कहा कि अल्लाह के लिए तो कुरान में कई जगहों पर 'दयावान' (merciful, compassionate) विशेषण आया है। अतः रुश्दी के खिलाफ मौत का फतवा ठीक नहीं। इस का जबाव देते हुए प्रो. मोहसिन उसमानी नदवी (जे.एन.यू., नई दिल्ली) ने लिखा कि रुश्दी को मार डालना दया

दिखाना ही है। क्योंकि यदि ऐसा नहीं किया गया तो अल्लाह बड़ी संख्या में लोगों को सजा देगा। तब और तबाही होगी, और लोग मरेंगे।

यह तो भारत के एक प्रसिद्ध केंद्रीय विश्वविद्यालय में पढ़ाने वाले प्रोफेसर द्वारा 'दया' की व्याख्या थी। अरब जगत में या तालिबानों (जिसका शाब्दिक अर्थ ही है 'विद्यार्थी') द्वारा उसकी जो व्याख्याएं की जाती है, इसे गैर-मुस्लिम बौद्धिक समूह कभी जानने की भी कोशिश नहीं करता। अतः भारत, अमेरिका, जैसे देशों के जो बुद्धिजीवी, संपादक और संत लोग जब सूफी, जिहाद, दारुल-हर्ब, दारुल-इस्लाम, जिम्मी, जजिया, दीने-घालिब, आदि अवधारणाओं के सुंदर अर्थ देते हैं, तो वह दोहरा घातक है। एक ओर, वह मुस्लिम जनता की चेतना को कभी नहीं छूता। दूसरे, गैर-मुस्लिमों को भुलावे में रखकर उन्हें और खतरे में डालता है। असली बात ढँक जाती है, कि उग्रवादी, जिहादी, आतंकवादी मुसलमानों के वैचारिक स्रोत कोई भिन्न नहीं हैं। इस्लाम के मूल ग्रंथ, उनकी टीकाएं, व्याख्याएं, आदि वे भी पढ़ते हैं। बहुतेरे तो इन के सिवा कुछ पढ़ते ही नहीं।

दुर्भाग्यवश, लगभग पिछले सौ वर्ष से भारत में गाँधीजी जैसे अनेक सदभावपूर्ण लोगों ने इस्लामी मतवाद को अपनी तरफ से सुंदरता से प्रस्तुत करने की कोशिश की, जिस से इस्लामी अलगाववाद, उग्रवाद को तो कम करने में कोई सफलता नहीं मिली। जबकि हिंदू अवश्य भ्रम में पड़ गए, पड़े रहे, और इसीलिए अपनी सुरक्षा के उपाय करने, तथा मुसलमानों से जरूरी वैचारिक संवाद चलाने—दोनों में विफल रहे। उस के बुरे नतीजों का आकलन कोई भी परिश्रमी शोध-कर्ता स्वयं कर सकता है।

छपी पुस्तकें और आतंकवाद

'अल-जजीरा' समाचार चैनल में अपने एक साक्षात्कार से प्रसिद्ध हुई सीरियाई लेखिका डॉ. वफा सुलतान ने अरब समाज के अपने पूरे अनुभव को लिपिबद्ध किया है। उनकी प्रसिद्ध पुस्तक *ए गॉड हू हेट्स* (2009) एक बड़ी गंभीर और रोचक पुस्तक है। इसे उन सबों को पढ़ना चाहिए जो इस्लामी आतंकवाद, मुस्लिम मानसिकता और उनके पिछड़ेपन, असहिष्णुता, दबंगई और परेशानी को समझना चाहते हैं। डॉ. सुलतान की प्रमुख थीसिस है कि जो पुरुष-समाज अपनी स्त्रियों को नीच, गुलाम, पशुवत् समझता है, उस के संपूर्ण व्यवहार में असंतुलन, मनोरोग और भय छाया रहना अनिवार्य है। पूरे मुस्लिम विश्व की

यही स्थिति है, विशेषकर अरब देशों की। वे इस का स्रोत इस्लाम की मूल पुस्तकों और मुहम्मद के आदर्शीकरण को मानती हैं। जिन के कारण ही आम तौर से मुस्लिम समाज में स्त्रियों का मोल मामूली, निर्जीव फर्नीचर से अधिक नहीं है।

वे यह भी कहती हैं कि गैर-अरब देशों, जैसे एशिया में, यदि स्थिति कुछ बेहतर है तो इसी कारण कि वहाँ के मुसलमान मूल अरबी में लिखी कुरान, हदीस और अन्य पुस्तकों, रिसालों से पूर्णतः अपरिचित हैं। उन का अनुवाद करते हुए भी इन पुस्तकों का अर्थ मूल से कुछ भिन्न, अनुवादक की भावना और जरूरत की उसकी समझ के अनुसार, कुछ सजा-सँवार कर दिया जाता रहा है। ताकि वर्तमान दुनिया की सभ्यता, उस की परिष्कृत मानसिकता के अनुरूप उसे स्वीकार्य बनाया जा सके। इसीलिए कुरान के कई अनुवादों में प्रायः लिखा भी मिलता है: 'पवित्र कुरान का अर्थ'। इस प्रकार, इस्लाम का मूल अरबी भाव एशियाई और दूसरे गैर-अरबी मुसलमानों तक नहीं पहुँचा है। इसीलिए वे कम मनोरोगी, कम संकटाकुल, कम असहिष्णु हैं। डॉ. सुलतान के शब्दों में 'लेस डैमेज्ड' हैं।

दूसरे शब्दों में, यदि भारत या इंडोनेशिया या मलेशिया के मुसलमानों में अपनी स्त्रियों के प्रति अधिक आदर, प्रेम भाव है, अथवा गैर-मुस्लिमों के प्रति अधिक सहनशीलता है—तो इस का कारण यह है कि वे वास्तविक इस्लाम से नहीं जुड़े हैं। उन में अपने-अपने देशों की पुरानी परंपराओं का पर्याप्त प्रभाव है। उन पारंपरिक प्रभावों को इस्लाम ने पूरी तरह उखाड़ फेंकने में सफलता नहीं पाई है।

अपने विस्तृत अनुभवों, अवलोकनों और अध्ययन के बल डॉ. सुलतान ने जो लिखा है वह गंभीरता पूर्वक पढ़ने और मनन करने की बातें हैं। जैसे, वे कहती हैं कि मनोवैज्ञानिकों और मानवीय व्यवहार विज्ञान के विशेषज्ञों ने बच्चों के व्यवहार पर अनेक शोध किए हैं। कि बच्चों पर टेलीविजन का, परिवार और परिवेश का क्या असर पड़ता है। लेकिन अरब विश्व के अपने अनुभव से डॉ. सुलतान का सुझाव है कि किसी समाज में छपी चीजों और हिंसा के संबंध पर जितना शोध करना चाहिए, वह नहीं हुआ है। विशेषकर जब पुस्तकों की प्रकृति धार्मिक हो, और वह भी तब जब कि वह उनके संपूर्ण ज्ञान का एक मात्र या मूल स्रोत हो। उस स्थिति में जो मानसिकता बनती है, उसे दूसरे लोग समझने में प्रायः असमर्थ हैं। अमेरिका की आतंकवाद विरोधी लड़ाई की विफलता का एक कारण यह भी है।

उदाहरण के लिए, कुरान का दूसरा अध्याय पढ़ने की कोशिश करें। इस के सत्ताइस पृष्ठों में कम से कम पच्चीस बार गैर-मुस्लिमों को मार डालने या हानि पहुँचाने वाले शब्दों का प्रयोग है। उन के लिए नकारात्मक, घृणात्मक विशेषण अलग से। उसी तरह एक हदीस इस प्रकार है, "मुझे लोगों के खिलाफ तब तक लड़ते रहने का आदेश मिला है, जब तक वे ये गवाही न दें कि अल्लाह के सिवा कोई दूसरा काबिले इबादत नहीं है और मुहम्मद अल्लाह का रसूल है और जब तक वे नमाज न अपनाएं और जकात न अदा करें।" (*सहीह मुस्लिम,* हदीस सं. 33)

ऐसे सैकड़ों आदेश, आवाहन और हदीस हैं जो अरब बच्चे होश संभालने से ही दैवी-संदेश के रूप में पढ़ते हैं। इस निर्देश के साथ पढ़ते हैं कि इसे खुद अल्लाह ने अपने पैगंबर और उनके माध्यम से सभी मुसलमानों को स्थाई हुक्म दिया है। उन पर शंका करना भयंकर अपराध है, जिस की सजा मौत है। और उक्त हदीस तो वैसा है, जिस में बातें जातिवाचक संज्ञा में हैं। यानी बड़ी नरम हैं, जिस में किन्हीं दूसरे धर्म-विश्वासियों का नाम लेकर, और 'लड़ाई' के रूपों का उल्लेख नहीं है। उस से अधिक स्पष्ट और हिंसक आवाहन भी अरब के बच्चे आरंभ से ही पढ़ते-जानते-दुहराते बड़े होते हैं। उदाहरण के लिए, वफा ने 'अरब लवर्स' शीर्षक एक प्रेम-कथाओं के संग्रह का उल्लेख किया है, जिस में प्रथम छत्तीस पन्नों में पच्चीस बार ऐसे वाक्य आए हैं, कि "उसने तलवार निकाली और एक ही वार में उसकी गर्दन उड़ा दी।"

वह कोई अपवाद पुस्तक नहीं है। बचपन से ही हिंसक, उत्तेजक और गाली-गलौज सी शब्दावली अरब विश्व का आम शैक्षिक, वैचारिक वातावरण है। उदाहरण के लिए, ईराक में तीसरी कक्षा के बच्चे गणित के पाठ इस तरह पढ़ते हैं—"हमारे बहादुर सैनिकों ने 1,500 दुश्मन ईरानी सैनिकों को मार डाला, 1,800 को जख्मी किया और 150 को कैद कर लिया। तो बताओ, दुश्मनों को कुल कितना नुकसान हुआ?" कविता, कहानियाँ भी ऐसी ही होती हैं, जिनमें 'गर्दन उड़ा देने' के जुमले प्रायः ऐसे मिलते हैं, जैसे रोजमर्रे की सामान्य बात हों। यह सब बच्चे तभी से दुहराने लगते हैं, जब उन्हें इन का अर्थ भी नहीं पता होता।

उस वातावरण में यह तथ्य भी जोड़ लें, कि इस्लामी राज्य-शासनों में लोकतंत्र के अभाव, और परिणामतः गैर-इस्लामी देशों, यूरोप, अमेरिका, भारत, जापान, आदि की पाठ्य-सामग्रियाँ, पत्र-पत्रिकाएं, आदि से वंचित रहने के कारण उनकी इन इस्लामी धारणाओं पर कभी, कहीं शंका उत्पन्न होने या किसी

शंका के पुष्ट होने का अवसर नहीं के बराबर रहता है। इस भयावह स्थिति के मद्देनजर वफा के अवलोकन पर विचार करना चाहिए, कि गैर-अरब दुनिया जानती ही नहीं कि अरब देशों का सामाजिक, वैचारिक, सांस्कृतिक जीवन क्या है! उस जीवन में घोर अज्ञान, अंधविश्वास, गैर-मुस्लिमों, विशेषकर यहूदियों-ईसाइयों के प्रति गहरी घृणा, स्त्रियों के प्रति हिकारत और पूरे भाषा-साहित्य का हिंसात्मक भावों से भरा होना शामिल है। यह सब कोई नई बात या हाल में आई विकृति नहीं, बल्कि आरंभ से ही है, जो उनकी आरंभिक मूल पुस्तकों एवं इतिहास से स्वतः स्पष्ट होता है।

इस सचाई को दुनिया के विद्वानों, नेताओं, जानकारों ने समय-समय पर नोट भी किया है। सबसे ऊपर स्वामी विवेकानन्द की टिप्पणी में उस की झलक है। कुछ वर्ष पहले कैथोलिक चर्च के विश्व-प्रमुख पोप बेनेडिक्ट ने भी इसे अपने एक व्याख्यान में कहा था (15 सितंबर 2006, रेजेन्सबर्ग विश्वविद्यालय)। उस पर मुसलमानों ने खूब रोष प्रकट किया। हालाँकि खुद उनके बड़े प्रतिनिधि जब अपनी हिंसात्मक प्रवृत्ति को गर्वपूर्वक रेखांकित करते हैं, तो उन्हें बुरा नहीं लगता। जैसे, विश्व-प्रसिद्ध अल-अजहर यूनिवर्सिटी, कैरो (मिस्र) के प्रमुख आलिम अहमद हसन अज-जायत ने बड़ी सहजता से कहा है, "मुसलमानों के लिए जिहाद एक खुदाई कर्तव्य है, उन का मजहब है एक कुरान और एक तलवार।" तब पोप बेनेडिक्ट ने गलत क्या कहा था? उन के अपने ही शब्दों में वह बात भी देख लें:

> हाल में मैंने एक वार्तालाप का विवरण पढ़ा, जो संभवतः सन् 1391 में बैजंटाइन सम्राट मौनुअल द्वितीय पेलियोलोगस तथा एक फारसी विद्वान के बीच अंकारा के पास हुआ था। बातचीत ईसाइयत और इस्लाम तथा उनकी सचाई पर हो रही थी। उनके बीच सातवें वार्तालाप में सम्राट ने धर्म-युद्ध वाला विषय उठाया। बिना विस्तार में गए उन्होंने सीधे और रुखाई से पूछा, "जरा दिखाओ कि आखिर मुहम्मद ने नया क्या दिया, और तुम पाओगे वह सब केवल बुरी, अमानवीय चीजें हैं। जैसे यह कि तलवार के जोर से अपने विश्वासों को फैलाना।" सम्राट इस प्रकार अपनी बात स्पष्टता से रखकर फिर विस्तार से कारण समझाने लगे कि हिंसा के बल पर किसी धर्म-विश्वास को फैलाना क्यों गलत है।

पोप के व्याख्यान का यह अंश एक ऐतिहासिक संदर्भ देता है। कि छह सदी पहले भी इस्लाम का मूल्यांकन और आलोचना उसी बिंदु पर होती थी, जो आज इस्लामी स्टेट कर रहा है। उस में हू-ब-हू एक ही स्थिति मिलती है। यह परंपरा

अविच्छिन्न इसीलिए है क्योंकि इस्लामी किताबें वही सिखाती हैं। यही जिहादी कहते हैं और वही करते हैं। यह वे कहीं बाहर, दूसरे लोक से सीख कर नहीं आते। अपने ही समाज में, सहज शिक्षा में, सामान्य वातावरण में वे वैसे बनते हैं। क्या उनकी समझ, उनकी मानसिकता, उनके विश्वासों का स्रोत ढूँढना इतना कठिन है?

इसलिए, यदि आतंकवाद से सचमुच लड़ना है, तो उन विचारों से लड़ना पहली जरूरत है जो जिहाद और तदनुरूप बेहिसाब और मनमानी हिंसा की प्रेरणा देते हैं। वफा सुलतान के अनुसार, अमेरिका को सबसे जरूरी काम यह करना चाहिए कि पूरी अरब-इस्लामी विरासत, यानी पुस्तकों, पाठ्य-पुस्तकों, पत्र-पत्रिकाओं के डाइजेस्ट, आदि को मूल अरबी स्रोतों से अंग्रेजी में विश्वसनीय तरीके से सामने लाए। यूरोपीय देशों को भी अपनी-अपनी भाषाओं में उन्हें अनूदित करवाना चाहिए। तभी उन्हें पता चलेगा कि उन का, और दुनिया का साबका किस समस्या से है। यह न केवल उनके हित में है, बल्कि स्वयं मुसलमानों का हित करने के लिए भी पहले उन की स्थिति को ठीक से, बिना मिलावट किए समझना जरूरी है।

उन की बात की दूसरे तरह से पुष्टि संयुक्त राष्ट्र में पाकिस्तान के राजदूत ने भी की है। सुरक्षा परिषद में 9 दिसंबर 2008 को पाकिस्तान के स्थाई राजदूत अब्दुल्ला हुसैन हारुन ने कहा कि सारे जिहादी आतंकवाद का स्रोत दारुल उलूम, देवबंद है। इसीलिए, उन्होंने यह भी कहा कि आतंकी गतिविधियों को भारत ही रोक सकता है, क्योंकि देवबंद की शिक्षाओं से जुड़े मदरसे ही आतंकवाद फैला रहे हैं। देवबंद स्थित यह संस्था दुनिया का सबसे बड़ा मदरसा कही जाती है। यह दिल्ली से मात्र डेढ़ सौ किलोमीटर दूर है। पाकिस्तानी दूत ने कोई अनोखी बात नहीं कही थी। देवबंद को अंतर्राष्ट्रीय मीडिया में तभी से नई प्रसिद्धि मिली थी जब तालिबान ने बामियान की ऐतिहासिक बुद्ध प्रतिमाओं को तोपों से उड़ा दिया था। अतः डॉ. सुलतान की बात, कि छपी चीजों और आतंकवाद में गहरा संबंध है, तरह-तरह से पुष्ट होती है। ध्यान देने की बात यह है कि ये छपी चीजें कोई अलग, विचित्र या विकृत किस्म का साहित्य नहीं, बल्कि सामान्य और बुनियादी इस्लामी पुस्तकें ही हैं।

इस प्रसंग में डॉ. वफा सुलतान की एक अन्य बात भी विचारणीय है। उन के अपने शब्दों में :

मुस्लिम देशों में स्त्रियों की स्थिति एक भयंकर मानवीय त्रासदी है जिसे दुनिया ने

सदियों से उपेक्षित किया है और जिस उपेक्षा का अब वह भारी मूल्य चुका रही है। एक दबाई, कुचली हुई स्त्री कभी भी भावनात्मक और मानसिक रूप से संतुलित मनुष्य को जन्म नहीं दे सकती। वह अदृश्य मुस्लिम स्त्री मानो वह मुर्गी है जो आतंकवाद के अंडों को सेती रही है और उन्हें वह गर्मी पहुँचाती है ताकि आतंकवादी पैदा हो सकें। वह स्त्री जो टेलीविजन कैमरे के सामने खड़े होकर दुनिया को कहती है कि 'मेरे तीन बेटे शहीद हुए और मैं चाहती हूँ कि चौथा भी हो' अपने मातृत्व से वंचित रही है। और जब वह आगे कहती है, 'मेरे बेटे अभी जन्नत में अपनी हूरियों के साथ शादी का उत्सव मना रहे हैं', तो हमें समझ लेना चाहिए कि वह अपनी बुद्धि और अंतरात्मा भी खो चुकी है।

मुस्लिम स्त्रियाँ

वस्तुतः इस्लाम में स्त्री की स्थिति अत्यंत निम्न है, यह तो प्रायः मुस्लिम भी मानते हैं। मुस्लिम शादी प्रथा में किसी गरिमा का भारी अभाव है। यह काम-काजी समझौता या सौदेबाजी अधिक प्रतीत होता है। इसीलिए निकाह, तलाक, गुजारे के नियम इतने एकतरफा, मनमाने और शुष्क हैं। इस्लामी पैरोकार उन नियमों को 'व्यवहारिक' बताते हैं किंतु इस में निहित है कि उस में किसी पवित्रता या उच्च भाव की भारी कमी है।

इसीलिए भारत जैसे 'लेस डैमेज्ड' मुस्लिम समाज में भी शाह बानो से लेकर अमीना, जरीना, हसीना, गुड़िया, इमराना आदि मामले यही दिखाते रहे हैं। प्रत्येक स्त्री संबंधित मुस्लिम पति या उलेमा द्वारा मात्र संपत्ति के टुकड़े की तरह तय की गई। व्यवहार, उपयोग और सौदे की निर्जीव वस्तु। उन में मुस्लिम पति द्वारा अपनी बीवी को रखने, बदलने या छोड़ने में कोई अन्य भाव न था। ऐसा इसलिए है क्योंकि इस्लामी सिद्धांत में स्त्री-मात्र नीच है। उस के पैगंबर ने ही कहा है कि स्त्री की छाया पड़ते ही नमाज कुबूल नहीं होती। कुरान ने औरतों को मर्दों की 'खेतियाँ' बताया है, जिसे वे 'जैसे चाहें जोतें'। बीवियों के अलावा लौंडियाँ, गुलाम लड़कियाँ भी अतिरिक्त भोग्या हैं। हदीसों के अनुसार, 'औरत अपने शरीर पर हक से भी वंचित है। यहाँ तक कि उस का दूध भी उसके शौहर का है'। इस्लामी कानून के अनुसार स्त्री अपने बच्चे की संरक्षक नहीं हो सकती।

कुरान में एक अध्याय ही है 'अल तलाक' जिस में मर्दों द्वारा तलाक देना मामूली, सहज काम जैसा वर्णित किया गया है। गर्भवती बीवी समेत किसी को

आसानी से तलाक दे छोड़ा जा सकता है (65-1,4,6)। जैसे कोई जूते या कपड़े नापसंद होते ही फेंक कर दूसरे ला सकता है, उसी तरह एक बीवी छोड़ दूसरी लाई जा सकती है (4-20)। मदीना-प्रवास के समय पैगंबर मुहम्मद के साथी अब्दुर्रहमान को साद ने मजहबी भाई बनाया। जब दोनों खाने बैठे तो मेजबान ने कहा, "मेरी दोनों बीवियों को देख लो, और जिसे पसंद करो, ले लो।" उसी वक्त एक बीवी को तलाक दे कर उपहार में दे दिया गया। ऐसे व्यवहार को आज भी मुस्लिम समाज अपने लिए अनुकरणीय और कानूनी नजीर मानता है।

उन्हीं आधारों पर उलेमा द्वारा दिए गए फतवों का पूरा अंबार है जो मजाक में, गलती से, नशे में, गुस्से में, किसी शर्तबंदी में, एस.एम.एस., फोन पर, सपने में, यानी किसी भी तरह से बोले या लिखे 'तलाक' शब्द को बीवियों पर कठोरता से लागू मानता है। ऐसा शब्द जिसे शौहर वापस तक नहीं ले सकता। यदि लेना भी चाहे उसे फिर से अपनी ही बीवी से दूसरी बार निकाह करना पड़ेगा। वह भी सीधे नहीं, बीवी के अत्यंत अपमानजनक प्रक्रिया से गुजरने के बाद। प्रक्रिया यह कि बेचारी तलाकजदा को पहले अन्य मर्द से निकाह करना पड़ेगा। वह भी केवल कहने को नहीं, बल्कि उसे नए शौहर के साथ संभोग द्वारा 'मुकम्मिल' बनाना होगा। फिर यह शौहर उसे तलाक दे, तब जाकर वह शौहर जिस ने मजाक में उसे तलाक दे दिया था, उस से फिर निकाह कर सकता है!

इसी प्रकार, किसी स्त्री पर बलात्कार का मामले साबित होने में किसी पुरुष गवाह की अनिवार्यता रखी गई है। उस के अभाव में बलात्कृत स्त्री को ही क्रूर सजा, जैसे भयंकर प्रावधान उसी 'व्यवहारिक' मानसिकता के परिणाम हैं। पाकिस्तान में मुख्तारन माई मामले ने इसी विडंबना से पूरे विश्व का ध्यान आकृष्ट किया था। अतः मुस्लिम स्त्री की स्थिति सचमुच भयावह है, जिसे दूसरे समझ भी नहीं सकते। वफा सुलतान के अलावा फहमीना दुर्रानी की पुस्तक *माई फ्यूडल लॉर्ड* अथवा तसलीमा नसरीन की *लज्जा* में स्त्रियों की दुर्गति की प्रमाणिक विवेचना है।

यहाँ हैदराबाद और केरल में प्रचलित 'अरबी निकाह' भी इस्लामी कानून के तहत स्त्रियों की तबाही का एक करुण अध्याय है। इस में अरबी बूढ़े, धनी और लंपट लोग यहाँ आकर किसी लड़की से निकाह कर, कुछ समय गुजार और फिर उसे तलाक देकर चलते बनते हैं। ऐसी तलाकशुदा लड़कियों और उन के बच्चों का शेष जीवन कैसे बीतता है, यह कल्पना ही की जा सकती

है। यदि कुछ अभागियाँ बीवी बनाकर अरब ले भी जाई जाती हैं तो वहाँ भी अनेक नौकरानियों या फाहशाओं सा जीवन ही पाती हैं।

कुछ लोग इसे मुस्लिमों की गरीबी से जुड़ी स्थिति बताते हैं। कि गरीबी के कारण मुस्लिम लड़कियों के परिवार वाले इस तरह के घृणित या संदेहास्पद निकाह के लिए तैयार होते हैं। किंतु ऐसी लड़की का शौहर दो ही दिन में बीवी को तलाक दे, मजे से, उसी दिन फिर दूसरा, तीसरा, अंतहीन निकाह और तलाक देता रहे—इस प्रक्रिया के लिए गरीबी कहाँ जिम्मेदार है? जिम्मेदार तो सीधे-सीधे इस्लाम है जो शौहर को बिना कारण बताए, क्षण भर में, किसी भी बीवी से छुटकारा पाने का निर्बाध अधिकार देता है।

क्या ऐसी घृणित स्थिति से मुस्लिम समाज को मुक्त कराना एक मानवीय कार्य नहीं है?

इस्लामी नजरिए में बच्चे और परिवार

हाल में पेशावर में जिहादयों द्वारा एक स्कूल में सौ बच्चों को मार डालने की घटना को कई लोगों ने 'अभूतपूर्व', 'अविश्वसनीय', 'इंतिहा', आदि कहा। पर वैसे लोगों ने एक बुनियादी सवाल पर विचार नहीं किया। कहाँ लिखा है कि किसी जिहादी या पैगंबर मुहम्मद के पक्के अनुयायी के लिए बच्चों को मारना गलत है? एक बच्चा नहीं, सौ बच्चों को, सौ निर्दोष बच्चों को, सौ निर्दोष मुस्लिम बच्चों को?

यह कोई विचित्र प्रश्न नहीं। ठंढे दिमाग से इस्लामी सिद्धांत और इतिहास का प्रमाणिक अन्वेषण करें। उसी पाकिस्तान में पहले भी बच्चों के स्कूल में टाइम-बम लगाकर उड़ाया गया था, बल्कि रूस के बेसलान में दस वर्ष पहले इकट्ठे तीन सौ से अधिक बच्चों को जिहादियों ने मार डाला था। उसे अंजाम देने वाले जिहादी सरदार शमील बसायेव को अपने कारनामे पर फख्र था! उसने वैसे कांड पुनः करने की घोषणा की थी। फिर नाइजीरिया में बोको हरम ने भी सैकड़ों स्कूली बच्चियों का ही अपहरण कर उन्हें रौंदा है। जहाँ-तहाँ, छोटे-छोटे अबोध बच्चों को टाइम-बम से लैस कर महत्वपूर्ण जगहों पर रिमोट से विस्फोट कराए गए हैं। ऐसा कई बार हुआ है। किन्तु क्या इस्लामी जिहादियों के अलावा भी किसी ने ऐसे कार्य किए हैं?

लेकिन उस से भी गंभीर प्रश्न यह है: किस ईमाम, अयातुल्ला या मुस्लिम नेता ने वैसे जिहादियों अथवा तालिबानों, बोको हरम, आदि को 'कुफ्र' या

'इस्लाम का दुश्मन' घोषित किया? और, तदनुरूप, उन्हें खत्म करने की माँग की? यानी ऐसी घोषणा और माँग जो वे जेरी फैलवेल, ओरियाना फलासी, सलमान रुश्दी, तसलीमा नसरीन, जिलेंद पोस्तेन, शार्ली अब्दो, या पोप तक के खिलाफ करते रहे हैं। यही तुलनात्मक रूप से ध्यान देने की बात है: यदि बोको हराम या तालिबान के विरुद्ध वैसी ही क्रुद्ध माँग विश्व के मुस्लिम नेताओं, मार्गदर्शकों ने नहीं की, तो यह उनके सैद्धांतिक नजरिए का एक संकेत तो है ही! कि क्या चीज उन्हें नागवार लगती है और क्या नहीं लगती। यानी, इस्लाम के अनुसार बच्चों को मारना नाजायज है या नहीं।

जो समझे कि वह इस्लाम, जिहाद और बच्चों के प्रति उस के नजरिये को जानता है, उस से पूछें—किस किताब से उस ने काफिरों, स्त्रियों, बच्चों के बारे में इस्लाम की समझ का ज्ञान प्राप्त किया है? क्या उस ने हदीस के हजारों निर्देशों, अनगिनत मदरसों से जारी लाखों-लाख फतवों, या इस्लामी पैगंबर की असंख्य जीवनियों का कभी अध्ययन किया है? क्या उन्होंने कुरान में परिवार और बच्चों के बारे में कोई ऐसी बात, या परिभाषा भी देखी है, जो किसी जिहादी को अपने उद्देश्य के लिए बच्चों को बख्श देना सिखा सके?

तालिबानी, कश्मीरी, सीरियाई, ईरानी, सऊदी या यमनी—किसी भी इस्लामी प्रभुत्व-क्षेत्र में समाज, राजनीति, परिवार, बच्चों, आदि से जुड़े मुद्दों पर होता क्या है, उसका सिद्धांत और व्यवहार क्या है, इस का प्रमाणिक अध्ययन करना जरूरी है। अनुमान से सुविधाजनक बातें कल्पित करना और दुहराना दुनिया भर के गैर-मुस्लिमों की आदत बन गई है। इस हद तक कि जब कोई मुसलमान भी, अनुभवी, भुक्तभोगी मुसलमान भी कोई असुविधाजनक सचाई सामने रखता है तो उलटे लोग उसी की निंदा करने लगते हैं, मानो उस ने कोई अपराध कर दिया हो!

जबकि अल कायदा, तालिबान, हमास, इस्लामी स्टेट, सिमी, आदि अनगिनत जिहादी संगठनों के प्रति सैद्धांतिक, व्यवहारिक सहानुभूति रखने वाले मुसलमानों की संख्या लाखों-करोडों में है। यह जानते हुए कि वे स्त्रियों-बच्चों समेत निरीह, निर्दोष लोगों का कत्ल करने से नहीं हिचकते। बल्कि उनका भरपूर उपयोग करते हैं जो फिलीस्तीन में कई बार देखा गया है। हिजबुल्ला और हमास ने अनेकों बार स्कूल जैसी जगहों को अपना अड्डा बनाकर इजराइल पर राकेट और बम दागने का सिलसिला चलाया है। अच्छी तरह जानते हुए कि जवाबी कार्रवाई में बच्चे मरेंगे, उनके अपने समाज के मुस्लिम बच्चे। लेकिन इजराइल को बदनाम किया जाए, मानवाधिकार उल्लंघन का दोषी ठहराया

जाए—इसके लिए मासूम बच्चों को बम, मोर्टारों का शिकार बनाने में उन्हें कोई उज्र नहीं। यह किस तरह पेशावर वाली घटना से भिन्न है?

अतः हमास, हिजबुल्ला या तालिबान कोई नये संगठन नहीं, जिन की वैचारिक प्रेरणाओं, उद्देश्यों, आदि के बारे में किसी गलतफहमी की गुंजाइश रहे। इसलिए उन जैसे विविध संगठनों के अमानवीय कारनामों की खुली भर्त्सना—यानी उन के विचारों की भर्त्सना, बिना अगर-मगर के करने वाले कौन और कितने हैं, इस तथ्य की जाँच-परख से भी सचाई दिखेगी। यह सचाई कि जिहाद में यानी इस्लामी सिद्धांत-व्यवहार में क्या जायज है, क्या नाजायज?

इस्लाम में सब से बड़ा ईनाम जन्नत है। सब से बड़ा अनुकरणीय उदाहरण पैगंबर हैं। सब से बड़ा लक्ष्य इस्लामी-राज का विस्तार है। बाकी सभी चीजें, निरपवाद रूप से दोयम या हेय हैं। इस प्रकार, बच्चों, स्त्रियों या निहत्थों, निरीहों के प्रति किसी प्रेम, दया, करुणा का संबंध सहज मानवीय भावना से भले हो, किसी इस्लामी सिद्धांत से उस का संबंध नहीं खोजा जा सकता। दूसरे शब्दों में, यदि कोई जिहादी संगठन इस्लामी राज के विस्तार या रक्षा की गरज से किन्हीं मुसलमानो, काफिरों, स्त्रियों या बच्चों को सामूहिक रूप से कत्ल कर डाले तो इसे गैर-इस्लामी समझना भूल है। सौ बार भूल है, हजार बार भूल है।

एक पचास वर्ष का आदमी छह साल की बच्ची से शादी करता है। उससे नौ वर्ष की आयु में संभोग भी शुरू कर देता है। यह निस्संदेह सीधे-सीधे अत्याचार और अपराध है। बच्ची के प्रति भी, समाज के प्रति भी। चलो मान लिया कि किसी जमाने में ऐसा करना गलत नहीं माना जाता था। मगर आज भी कोई उसी उदाहरण को पवित्र कानूनी, मजहबी, सामाजिक आदर्श माने, तो इस में दोष किस का है? मानने वाले का या ऐसे कृत्य को कानूनी-मजहबी आदेश बनाने वाले और पालन करवाने वाले का?

फिर, साथ ही साथ, यह भी सोचना ही होगा कि जो मार्गदर्शक ऐसे अनाचार को 'स्थाई कानून' का सम्मान देकर गया, उस की अन्य बातें, निर्देश, आदेश भी कितने संकीर्ण और अनुपयुक्त रहे हो सकते हैं। उस जमाने में भी और आज भी। क्योंकि उस नौ वर्षीया बच्ची पर यौन-कृत्य तब भी अत्याचार था, जैसे आज भी हैदराबाद या मुजफ्फराबाद में कोई अरबी शेख आकर किसी बच्ची से निकाह करता है, तो वह है। मगर इस्लामी कानून बड़ी ठसक से इसे उचित ठहराता है। बुजुर्ग मौलवी बड़े मजे से ऐसे अनेकों निकाह हर साल कराते हैं। इस का स्रोत इस्लाम के सिवा किसी और चीज में खोजना कोरी प्रवंचना है।

अनेक सुशिक्षित मुस्लिम स्त्रियों ने अपने दीर्घ अनुभव, अध्ययन और अवलोकन से यह लिखा, कहा है कि इस्लाम में स्त्रियों और बच्चों की हैसियत पुरुषों की संपत्ति से अधिक रंच-मात्र भी नहीं है। तब संपत्ति का विध्वंस तो किसी लड़ाई में एक मामूली सी बात है! वफा सुलतान के अनुसार इस्लाम में परिवार या बच्चे की कोई धारणा ही नहीं है जिस का आदर, सम्मान या अर्थ भी हो। अपनी पुस्तक *ए गॉड हू हेट्स* में वफा ने चुनौती दी है कि कोई इस का खंडन करके तो दिखाए!

यह सहज बुद्धि की बात है कि एक पुरुष की चार स्त्रियों और अनगिनत रखैलियों, तथा गुलामों की खरीद-बिक्री को मजहबी-कानूनी अनुशंसा देने वाली विचारधारा उनसे पैदा होने वाले अनगिन बच्चों को किस नजरिए से देखेगी! उनका क्या और कैसा ध्यान रखेगी। क्या उपयोग करेगी। एक पिता क्या अपने बीस या पचीस बच्चों का नाम भी याद रख सकेगा, उसे आवश्यक भावनात्मक खुराक दे पाना तो दूर की बात रही। ऐसे पिताओं के उदाहरण किसी भी मुस्लिम क्षेत्र में मिल जाएंगे।

यदि ऐसे मुस्लिम पतियों या पिताओं की संख्या कम है, तो इस से असली और बुनियादी बात पर पर्दा नहीं डालना चाहिए कि इस्लाम इस की इजाजत देता है कि कोई पुरुष अनगिनत शादियाँ, संतानोत्पादन करता और तलाक देता रह सकता है। साथ ही, उसे इस्लामी कानून के हिसाब से कोई परवाह करने की बाध्यता नहीं कि इस प्रक्रिया में पैदा होने वाले असंख्य बच्चों का क्या होगा? उलटे, इस्लामी आलिम और नेता पूरी उग्रता से ऐसे इस्लामी कायदों को जारी रखना चाहते हैं। किसी भी सूरत में मनमाने तलाक, निकाह, बच्चों को गोद लेने की मनाही, जैसे इस्लामी कानूनों को बदलने का विरोध करते हैं।

जी हाँ, इस्लाम में बच्चों को गोद लेने की भी कड़ी मनाही है! चाहे दुर्घटनाओं या युद्ध, गृह-युद्ध, आदि से हजारों यतीम बच्चे सड़कों पर लुढ़कते रहें, कोई मुसलमान उसे गोद नहीं ले सकता। यह गैर-इस्लामी है, इस्लाम में इसकी इजाजत नहीं है! क्यों नहीं है, इस की अलग शर्मनाक कहानी है, जो हर चीज की तरह पैगंबर से ही जुड़ी है। पर फिलहाल उसे रहने दें।

अभी इस पर ध्यान दें और विचार करें कि किसी भी समाज में स्त्रियों और बच्चों की स्थिति एक दूसरे से अभिन्न रूप से संबंधित होती है।

अतः जो विचारधारा स्त्रियों को निरी संपत्ति, फर्नीचर या अच्छे-जूठे भोजन जैसी लाने-फेंकने जैसी वस्तु समझती हो, वह बच्चों के प्रति भी अनिवार्यतः बेपरवाह और क्रूर होगी। वफा ने सीरिया में अपने होश संभालने से लेकर वर्षों

तक इसके अंतहीन उदाहरण देखे और बताएं हैं। वस्तुतः यही दुनिया भर के इस्लामी व्यवहार में देखा जा सकता है। (भारत में कुछ वर्ष पहले गुडिया, इमराना, आदि प्रसंगों में यही देखा गया था। शरीयत के कानून बेचारी पीड़ित, बलात्कृत, असहाय मुस्लिम स्त्रियों पर लागू करते हुए उनके शिशुओं के बारे में उलेमा ने कभी नहीं सोचा।) यदि सारे मुसलमान पुरुष अपनी स्त्रियों, बच्चों के प्रति वही निर्मम, संपत्तिवादी व्यवहार नहीं दिखाते, तो इस का कारण उनकी अपनी मानवीय भावनाएं है। लेकिन इस्लाम को हू-ब-हू लागू करने वालों में वही बेपरवाही और क्रूरता हर कहीं निरपवाद रूप से देखी गई है। इस की परख इतिहास और वर्तमान, दोनों में की जा सकती है।

इसलिए, स्त्रियों-बच्चों के प्रति सैद्धांतिक नजरिए का कुछ संबंध उस नृशंस हिंसा से अवश्य है जब जिहादी सौ से अधिक बच्चों का कत्ल या अपहरण और बलात्कार करते हैं। वे जिहादी न तो पागल हैं, न मात्र क्षुद्र अपराधी, न पहली या अंतिम बार उन्होंने ऐसा किया है। न केवल पेशावर, नाइजर और बेसलान में, बल्कि इस्लामी स्टेट ने भी विगत कई महीनों से सीरिया, तुर्की, ईराक में इस से मिलते-जुलते कार्य किए हैं। ऐसे घृणित कार्य किसी अन्य धर्मावलंबी संगठन ने तो नहीं किये! इस सत्य को क्यों नजरअंदाज किया जाता है?

बात समझनी हो तो स्वयं मुस्लिम स्त्रियों की आपबीती सुनें।

उदाहरण के लिए, वफा सुलतान की पुस्तक में बच्चों के बारे में अनगिनत प्रसंग हैं। वह पैगंबर मुहम्मद के एक आदेश को उद्धृत करती हैं, "अपने बच्चों को सात वर्ष की उम्र में नमाज पढ़ना सिखाओ और यदि दस वर्ष की उम्र तक वे नहीं पढ़ते तो उन्हें पीटो।" इसी तरह, सबसे महान खलीफाओं में एक उमर इब्न-अल-खत्ताब ने एक बार अकारण ही अपने बेटे के सिर पर डंडा मारा। जब उसकी पत्नी हफसा ने पूछा, तो उमर का कहना था, "मैंने देखा कि वह अपने से ज्यादा बढ़ रहा है, तो उसे उसकी जगह दिखा दी।"

स्वयं वफा को जब पति की अनुपस्थिति में अपने बच्चे के लिए पासपोर्ट बनवाने की जरूरत हुई, तो सीरियाई अधिकारियों ने उन्हें इनकार कर दिया। क्योंकि इस्लामी कानून स्त्री को अपने बच्चे पर कोई अधिकार नहीं देता। पति की अनुपस्थिति में भी पति का कोई रिश्तेदार पुरुष ही बच्चे के बारे में अनुमति देने का अधिकारी था। चाहे वह कितना ही नीच, पतित, शराबी, आदि क्यों न हो। लेकिन एक डॉक्टर स्त्री भी अपने बच्चे की संरक्षक नहीं हो सकती!

इस्लाम का नजरिया बच्चों के प्रति कितना शुष्क, हृदयहीन और मतलबी

है, इसे ठीक से जानने-समझने की जरूरत है। तभी मुस्लिम देशों में बचपन से ही बच्चों में भरी जाती नकारात्मक, हिंसात्मक, निर्मम और अज्ञानपूर्ण प्रवृत्तियों का आकलन हो सकेगा। वही प्रवृत्तियाँ हर कहीं मुस्लिम किशोरों, युवाओ को जिहादी और फिदायीन बनाने में सहजता से काम आती हैं। इस का उन बच्चों के भौगोलिक, आर्थिक, परिवेश से शायद ही कोई संबंध है। लेकिन इस का इस्लामी विश्वासों से सीधा संबंध है। इस तथ्य को अभी इस्लामी स्टेट के लिए काम करने के लिए दुनिया भर से जाने वाले मुस्लिम लड़के-लड़कियों की खबरों से समझा जा सकता है।

"भारत जरा अलग है"

बहुधा सुना जाने वाला एक तर्क है : भारत में ऐसा नहीं है। भारतीय मुसलमान ऐसे नहीं हैं। वे उन उग्रवादी, बहावी विचारों को नहीं मानते, जो कई अरब वाले मानते और फैलाते हैं। लेकिन दुर्भाग्यवश यह तर्क विगत सौ वर्ष के इतिहास-अनुभव से कतई आश्वस्तकारी नहीं है। खलीफत-जिहाद से लेकर, अफगानिस्तान को भारत पर आक्रमण करने का न्योता देने, और फिर 'डायरेक्ट एक्शन' कर हजारों हिंदुओं को निर्ममता से अकारण मारते हुए भारत-विभाजन तक, पुनः 1971 में बंगलादेश में हिंदू-संहार से लेकर, कश्मीर से हिंदुओं के सफाए, और गोधरा जैसे एक से अधिक हिंदू-दहन तक। यह सब कई-कई बार देखा जा चुका है कि आम मुस्लिम समुदाय अपने जिहादियों, कट्टरपंथियों, अलगाववादियों, उग्रवादियों के समक्ष या तो निरुपाय या मौन समर्थक है।

यह बड़े-बड़े मामलों ही नहीं, छोटे-छोटे विरोध, तथा रोजमर्रे की राजनीति, शिक्षा-संस्कृति जैसे मामलों में भी देखा जाता है कि उनका रुख मूलतः इस्लामी रुख होता है। संविधानवादी, मानवतावादी या सेक्यूलर नहीं। देवबंदी फतवे, मदरसों के पाठ्यक्रम, इमराना, जरीना या 'अरबी निकाह' जैसे प्रसंग, योगाभ्यास, पोलियो का टीका, परिवार नियोजन, अथवा तसलीमा, सलमान रुश्दी ही नहीं, डेनिश या फ्रांसीसी कार्टून-प्रसंग—कहीं नहीं दिखता कि भारत के मुस्लिम नेता यहाँ के संविधान, कानून या सामान्य मानवीय भावनाओं का कभी ध्यान रखते हैं। इस स्थिति में इन की अरब जिहादियों से भिन्नता केवल मात्रात्मक रह जाती है, गुणात्मक नहीं। यह विभिन्नता किसी सैद्धांतिक, वैचारिक कारणों से अप्रभावित मात्र परिस्थिति-निर्भर भी हो सकती है।

कहने का अर्थ यह नहीं कि भारत के मुसलमानों में सहज मानवीयतावादी कम हैं। बल्कि यह कि उनकी प्रभावशीलता बिलकुल संदिग्ध है। सभी राजनीतिक, शैक्षिक, सांस्कृतिक, सामाजिक मुद्दे पर प्रभावी स्वर दूसरों का ही दिखाई पड़ता है, जो तालिबानों, बिन लादेनों, बगदादियों का खुला वैचारिक समर्थन करते हैं। इस तथ्य को क्यों नदरअंदाज करना चाहिए? भारतीय वैज्ञानिक, चिंतक और समाजसेवी डॉ. ए.पी.जे. अब्दुल कलाम को मुस्लिम समाज में कभी पूछा नहीं जाता, इस सत्य का सामना तो करना ही होगा।

इसलिए, यहाँ प्रायः जिन्हें 'राष्ट्रवादी मुस्लिम' या 'सेक्यूलर मुस्लिम' कहा जाता है, वे वस्तुतः अधिकांश उदाहरणों में भ्रामक साबित होते हैं। मौलाना आजाद से लेकर सैयद शहाबुद्दीन तक ऐसे जाने-माने मुस्लिम नेताओं के अपने विचार और कार्य मात्र इस्लाम से प्रेरित रहे हैं। उन में राष्ट्रवाद, लोकतांत्रिकता या धर्म-निरपेक्षता देखना एक आत्मप्रवंचना है। मौलाना आजाद द्वारा भारत-विभाजन के विरोध का कारण कोई देशभक्ति नहीं, बल्कि पूरे हिंदुस्तान के इस्लामीकरण की चाह थी। इसीलिए, देश-विभाजन रोकने के लिए एक बार जब गाँधीजी ने स्वतंत्र भारत की पूरी सत्ता केवल मुसलमानों (पूर्णतः 'मुस्लिम मंत्रिमंडल') को ही दे देने का प्रस्ताव किया, तो मौलाना आजाद ने इसे फौरन स्वीकार करने की सिफारिश की थी। यह अनायास न था। मौलाना आजाद के संपूर्ण लेखन में इस्लाम और मुसलमान से हटकर कोई अन्य संदर्भ व चिंता शायद ही मिलती है। वस्तुतः आजाद ने ही भारतीय मुसलमानों को इस्लाम-केंद्रित राजनीति का पहला पाठ पढ़ाया, इस बुनियादी तथ्य को ओझल करना एक घातक भूल है।

आज जब सीरिया-ईराक में इस्लामी स्टेट की खलीफत पूरी दुनिया को बेकल कर रही है, तो यह स्मरण करना चाहिए कि लगभग सौ वर्ष पहले खलीफत-जिहाद पर मौलाना आजाद का क्या रुख था। उन्होंने फतवा देकर घोषणा की थी कि भारत 'दारुल-हर्ब' है, इसलिए भारतीय मुसलमानों को हिजरत, यानी भारत त्याग कर अफगानिस्तान कूच करने की तैयारी करनी चाहिए। हजारों मुसलमानों ने ऐसा किया भी। लेकिन अफगानिस्तान में स्वागत न देखकर, तथा विविध मुसीबतें झेलकर, बहुतेरे वापस भी लौट आए। इस में असंख्य मुसलमानों की तबाही हुई। क्या बाद में भी मौलाना आजाद ने अपने इन कार्यों, विचारों को कभी गलत माना था?

यह तो उन मौलाना आजाद की बात थी, जिन्हें कोएनराड की बातों के प्रतिवाद में 'राष्ट्रवादी मुसलमान' के उदाहरण के रूप में गोवा सम्मेलन में किसी

ने पेश किया था। ऐसे तर्कों के पीछे कितना अज्ञान और कोरी आत्मप्रवंचना है, कभी इस की भी परख होनी चाहिए!

विविधता की रक्षा का तर्क

'घर वापसी' कार्यक्रम के विरुद्ध विविधता और बहुसंस्कृतिवाद का भी तर्क आता है। गोवा सम्मेलन में कोएनराड की बातों के विरोध में किसी ने इस का हवाला दिया, कि इस्लाम की आलोचना करना विविधता के मूल्य के विरुद्ध है। किन्तु ऐसा कहने वाले भूलते हैं कि स्वयं इस्लाम ही विविधता-विरोधी है! यह केवल तर्क नहीं। जहाँ भी इस्लाम का वर्चस्व बढ़ता है, या मुस्लिम जनसांख्यिकी एक विशेष ('क्रिटिकल') प्रतिशत पार कर लेती है, वहाँ से दूसरों की आफत, उनका दमन, उत्पीड़न, पलायन आरंभ हो जाता है। इस विश्व-व्यापी परिघटना से आँखें मूँदना कोई बुद्धिमानी नहीं है। पाकिस्तान, बंगलादेश, कश्मीर, सीमावर्ती असम, पश्चिम बंगाल, केरल के कई क्षेत्र, तथा लेबनान और यूरोपीय शहरों में भी अनेक बस्तियाँ इस का जीवंत प्रमाण हैं। इस्लामी विचारधारा गैर-इस्लामी विचारों, रिवाजों, नियमों, कानूनों, तथा समूहों को सहजता, सम्मान या बराबरी से साथ रहने देने की समर्थक नहीं है—इस प्रमाणिक तथ्य को नजरअंदाज करना स्वयं विविधता के हनन का समर्थन करना ही है! यह भी ध्यान रहे कि विविधता से असहमति इस्लाम का मौलिक गुण है। कोई बाद में आई विकृति नहीं।

यह बात स्वयं इस्लामी विद्वानों ने बार-बार दुहराई है, और मुहम्मद की सभी जीवनियों में लिखी हुई है कि उन की सबसे बड़ी देन यह थी कि उन्होंने बहु-सांस्कृतिक अरब को, अनेक देवी-देवताओं को पूजने वालों, तरह-तरह के रीति-रिवाज मानने वाले अरब लोगों को, संपूर्ण एकरूप इस्लामी समाज में बदल दिया। इस तरह उनकी धार्मिक-सांस्कृतिक विविधता खत्म की। तब सांस्कृतिक विविधता के सम्मान का तर्क तो उलटे इस्लाम के विरुद्ध जाएगा! इसलिए, उदारवादी नजरिए से तो यही कहना ठीक है कि मुस्लिम होने में कोई मजा नहीं। अतः यदि मुसलमान उस से आगे निकलें या 'घर वापसी' करें तो अच्छी बात ही होगी। धार्मिक आजादी सबको होनी चाहिए। मुसलमानों को भी। लेकिन इस आजादी में हरेक को कोई अपना धर्म छोड़ने की आजादी भी होनी चाहिए। विविधता और लोकतंत्र की दृष्टि से इस पर भी जोर देना चाहिए।

वैसे भी, इस्लाम बस पिछले चौदह सौ वर्ष की चीज है। इतिहास में यह बड़ी छोटी अवधि है। दुनिया उस से पहले भी थी, जिसे इस्लाम के अभाव

से कोई परेशानी न थी। न ही इस्लाम के जाने से कुछ बिगड़ेगा। यह कहने में कुछ भी आपत्तिजनक नहीं है। वस्तुतः धर्मांतरण कराने वाले ईसाई मिशनरी और मौलाना, दोनों ही दूसरे धर्मों को 'फॉल्स', 'सटैनिक', आदि बताते हुए खत्म करने के घोषित उद्देश्य से ही अपना काम करते हैं। तब स्वयं उनके रिलीजन, मजहब को भी अन्य लोग खत्म होने लायक समझें, इस में अस्वभाविक क्या है?

फिर, महात्मा गाँधी पक्के हिंदू विश्वासी थे, मगर आज गाँधीवादी भी चर्चा करते हैं कि हिंदू धर्म को बने रहना चाहिए या नहीं। तब इस्लाम के लिए भी ऐसी चर्चा में क्या बुराई है?

इसलिए जिन्हें भी कोएनराड की बातों से 'धक्का' लगा, अथवा वे बातें 'अशोभनीय', 'गंदी' या 'घृणास्पद' लगीं—उन में से किसी ने वस्तुतः उन बातों में से एक को भी गलत साबित करने का कष्ट नहीं किया। ऐसे लोग प्रायः अपना निष्कर्ष और निर्णय देकर ही उठ जाते हैं, किसी बात को तथ्यों से काटने या संजीदे विमर्श में रुचि नहीं लेते। अधिक से अधिक यह कहते हैं कि इस्लाम की सकारात्मक विशेषताओं को भी देखना चाहिए, आदि। लेकिन यह सब उन्हें भारत के सुखद सभागारों में बैठे गैर-मुस्लिमों के बदले अफगानिस्तान, पाकिस्तान, कुर्दिस्तान, सीरिया, ईराक, फिलीस्तीन, नाइजीरिया, सूडान, आदि अनगिनत देशों में उन गैर-मुस्लिमों को समझाने की कोशिश करना चाहिए, जिन्होंने इस्लामी आतंकवाद का सामान्य रूप देखा है। जिनके सगे-संबंधी केवल इसलिए मारे गए, क्योंकि वे मुसलमान नहीं थे। उन्हें जिन जिहादियों ने मारा, उन्होंने पर्चों, घोषणाओं, पोस्टरों, पत्रों एवं वीडियो आदि हर माध्यम से निरपवाद रूप से यही कहा कि उनके काम केवल इस्लाम के हित में हैं। अतः इस्लाम की 'सकारात्मक बातों' का तर्क देने वालों को अपनी बातें पहले दुनिया भर के उन लाखों-करोड़ों अभागों पर आजमानी चाहिए, जो इस्लाम को व्यवहार में झेलते रहे हैं। जिन गैर-मुस्लिमों को इस्लाम की सक्रियता से अधिक पाला नहीं पड़ा है, उन्हें इस्लाम के सकारात्मक पहलुओं का तर्क देना हवाई कदम है। चिन्ताजनक प्रवंचना या अज्ञान तो है ही।

हालाँकि यहाँ इस बात पर भी ध्यान देना चाहिए कि 'सकारात्मक पहलुओं' की बातें प्रायः विचारणीय मुद्दे से भटकाने के लिए की जाती हैं। जहाँ विषय आतंकवाद, जिहाद, या इस्लामी कानून और इतिहास के ठोस प्रसंग हों, जिन पर कोई वक्ता अपनी बात रख रहा हो, वहाँ इन बातों को स्वीकार करना या खंडित करना ही प्रासंगिक है। धीरे से या आवेशपूर्वक विषय बदलना एक

चतुराई है, जिस से मूल मुद्दा रह जाता है। गोवा में कोएनराड ने पैगंबर के जीवन के उदाहरण, शरीयत, हदीस आदि के प्रसंगों से आतंकवाद संबंधी वर्तमान समस्या की व्याख्या की थी। अतः प्रासंगिक होता कि कोई यह दिखाता कि इस्लामी स्टेट या तालिबान के कौन से कार्य हैं, जो पैगंबर के सुन्ना से मेल नहीं खाते, यानी गैर-इस्लामी हैं। या कि पैगंबर के वैसे किन कार्यों को आज इस्लामी अदालतें खारिज करती हैं, जिनका अनुकरण बोको हराम, इस्लामी स्टेट या तालिबान जैसे संगठन कर रहे हैं। इन बिंदुओं को यथावत छोड़कर इस्लाम की 'सकारात्मक बातों' का मुद्दा उठाना बात को भटकाना ही है।

अच्छे मुसलमान

जहाँ तक अच्छे, सज्जन मुसलमानों की बात है, तो इस्लाम के आलोचक जानते हैं कि उन का अस्तित्व है। ऐसा कोई आलोचक नहीं दिखाया जा सकता, जो मानता हो कि सारे मुसलमान आतंकवादी हैं या उग्रवादी या असहिष्णु हैं। अतः किसी आलोचक पर ऐसा संकेत करना उस की गलत छवि बनाने की कोशिश है, ताकि उसकी बातों को धूमिल किया जा सके। सच तो यह है कि अच्छे, सज्जन, उदार मुसलमानों की उपस्थिति से इस्लामी सिद्धांत की कोई व्याख्या नहीं होती। किसी की सज्जनता, सदाचार, दूसरों की मदद की प्रवृत्ति, आदि यही दिखाते हैं कि वह मनुष्य है। इस से यह नहीं तय होता कि उसकी सज्जनता का स्रोत उसके मजहब या विचारधारा में है। उसी तरह, जैसे चार दशक पहले अच्छे रूसी कलाकारों, खिलाड़ियों, वैज्ञानिकों, गणितज्ञों की उपस्थिति से मार्क्सवाद-लेनिनवाद का कुछ भी सिद्ध या असिद्ध नहीं होता था। वह तो तभी होता है, जब उस सिद्धांत को मानने वाले, उन्हीं विश्वासों के नाम पर जो कार्य करते हैं, उसकी परख की जाए।

और वे कार्य क्या होते हैं, यह हम जानते हैं क्योंकि करने वाले स्वयं हमें बताते हैं! किसी आतंकवादी ने आज तक नहीं कहा, 'जो मैं कर रहा हूँ उस का इस्लाम से कोई संबंध नहीं है।' इस का कोई कारण नहीं कि उनकी बातों की उपेक्षा की जाए। अकादमिक, कानूनी या सामान्य बुद्धि—तीनों ही दृष्टिकोणों से यही उपयुक्त है कि कोई कार्रवाई करने वाले की अपनी बात को गंभीरता से लिया जाए। किंतु समस्या यह है कि इस्लाम-परस्त बुद्धिजीवी उन मुसलमानों का सम्मान नहीं करते, मानो वे झूठे हों, पागल हों, आदि और उनके बयान को सरसरी उपेक्षित करते हुए अपनी मनगढ़ंत बातें रखने लगते हैं। यह

कितनी बड़ी मूढ़ता या हानिकारक चतुराई है, यह रोज देखा जा सकता है।

उदाहरण के लिए, जब इस्लामी स्टेट का खलीफत एक इस्लामी सूक्ति अंकित अपना झंडा सारी दुनिया में वीडियो द्वारा प्रचारित करता है, तो इस का सीधा अर्थ है कि उसके कारनामे, चाहे वे दूसरों को कितने ही वीभत्स क्यों न लगें, इस्लाम से जुड़े हैं। इस की दोहरी पुष्टि इस से भी होती है कि दुनिया का कोई मौलाना, उलेमा, अयातुल्ला या ईमाम उनकी भर्त्सना करते हुए फतवे नहीं देता! कोई आधिकारिक इस्लामी संस्थान उस खलीफत या उसके नेताओं को 'इस्लाम का दुश्मन', या 'काफिर', कहते हुए उन्हें दंडित करने की माँग नहीं करता। जबकि यह सैकड़ों बार दुहराया गया जग-जाहिर दृश्य है, कि जिसे वे इस्लाम-विरोधी मानते हैं, वैसे व्यक्ति, संगठन या काम के विरुद्ध फौरन और आवेशपूर्वक 'मौत' की माँग करने लगते हैं। चूँकि इस्लामी स्टेट, बोको हराम, अल कायदा या तालिबान के विरुद्ध कभी ऐसा कोई फतवा या प्रदर्शन नहीं हुआ, इस का भी निस्संदेह यही अर्थ है कि आधिकारिक इस्लामी समाज उन्हें अपने से भिन्न नहीं मानता। (इस पर डर का तर्क दिया जाता है, जो पूर्णतः असत्य है। कहीं कोई एक मुस्लिम डर से न बोले, यह तो संभव है। किन्तु बड़े-बड़े आलिमों, मुस्लिम नेताओं और राजशक्तियों पर यह हरगिज लागू नहीं होता। जिहादियों पर उनके मौन में डर कोई कारण नहीं, जो तर्क भी केवल इस्लाम-परस्त गैर-मुस्लिम देते हैं। स्वयं मुस्लिम बुद्धिजीवी शायद ही कभी यह तर्क देते हैं। उलटे उनकी भाषा सदैव दबंग और दबावकारी रहती है। विभिन्न विषयों पर उनके लेखन, भाषण में यह सदैव देखी जाने वाली बात है।)

घृणा फैलाना

अब 'घृणा' फैलाने के सदाबहार तर्क पर भी विचार करें। किसी गैर-मुस्लिम की इस्लाम संबंधी आलोचना पर यह लगभग सदैव कहा जाता है कि इस्लाम के खिलाफ घृणा फैलाई जा रही है। यद्यपि वही आलोचना जब कोई मुस्लिम करे तो उसे 'गद्दार' कह कर तुरत मार डालने की माँग होती है। आलोचनाओं का उत्तर किसी हाल में नहीं दिया जाता।

इस पर सबसे पहली बात तो यह कि यदि अभिव्यक्ति स्वतंत्रता का कोई अर्थ है—तो उस में आलोचना का अधिकार शामिल है। किसी भी नाम पर यदि आलोचना मात्र बाधित किया जाए, जो इस्लाम पर होता है, तो यह शुद्ध तानाशाही के सिवा और कुछ नहीं। वैसी स्थिति में अन्य दलील वैसे ही

अनावश्यक है। क्योंकि यदि प्रमाणिक, जाँचे जाने लायक, तथ्यों के उल्लेख को भी 'घृणा फैलाना' कहें, वैसा उल्लेख करने वाले के विरुद्ध आवेशपूर्ण ऊल-जुलूल बोलें, तो स्पष्टतः बात उलटी है। यह सीधे-सीधे आलोचक के विरुद्ध घृणा का उकसावा है, जिसे हमें समझ सकना चाहिए।

वस्तुतः यह उस गोवा सम्मेलन में भी प्रत्यक्ष देखा गया। जहाँ कोएनराड ने अपनी बातें सहजता से, तथ्यों तक सीमित रहते हुए कही, जिन में किसी के प्रति घृणा का लेश न था। उन जिहादियों के प्रति भी नहीं, जिन्हें इस्लामी विचारधारा का भ्रमित शिकार कहा गया। वहीं, कोएनराड को बुरा-भला कहने वाले के आवेशपूर्वक मुँह पर ही घृणा झलक रही थी!

इस्लाम के किसी भी आलोचक पर यह आरोप मानो स्वचालित-सा लगा दिया जाता है। इस में सहूलियत यह है कि फिर किसी आरोप, विचार या तथ्य का उत्तर देने की जरूरत ही नहीं समझी जाती। आखिर जो घृणित, बदमाश, आदि है उस की बातों का उत्तर ही क्या देना! दुर्भाग्यवश ऐसे ही रुख वाले साधनवान, प्रभावशाली हैं, जिन्हें मीडिया में बैठे-बिठाए जगह मिलती है। जबकि इस्लाम के आलोचकों को या तो जगह नहीं मिलती, या फिर उन की बातों को विकृत करके, उन के साथ नकारात्मक विशेषण आदि लगाकर, संक्षेप में मिलती है। यानी, इस रूप में कि उन की बात जानने से पहले ही श्रोता या पाठक नकारात्मक भाव बना ले।

इस विषम स्थिति पर भी सोचना चाहिए। लगभग सभी प्रसंगों में इस्लाम के आलोचक के पास तथ्यों के सिवा कोई बल या समर्थन नहीं रहता। इसलिए वे इसी का सहारा लेते हैं। विचारों, तथ्यों, घटनाओं का प्रमाणिक स्रोत बताते हैं, मूल बातें उद्धृत करते हैं, उन से सुसंगत निष्कर्ष लेने, दिखाने का प्रयत्न करते हैं। जबकि इस्लाम-परस्त लोग नाराजगी दिखाते हैं, दावे करते हैं, आलोचक पर उलटे-सीधे आरोप लगाते हैं, और बस, उन का काम चल जाता है। इस्लाम संबंधी किसी विमर्श में इस विषमता और अन्याय को भी नोट करना ही चाहिए।

कोएनराड के शब्दों में, "नहीं, मैं अपनी स्थिति के बारे में आश्वस्त हूँ और बिलकुल साफ मन से कह रहा हूँ—नहीं, मैं मुसलमानों से घृणा नहीं करता। वे सारे नजूमी जो मेरे माथे के अंदर देख लेने का दावा करते हैं और दुनिया को मेरी 'असली' मंशा दिखाना चाहते हैं, पूरी तरह गलत हैं। वे मुझ पर अपने आरोप का कोई प्रमाण नहीं देते। जबकि मैं अपनी निर्दोषिता दिखाने में समर्थ हूँ।" इस का विस्तार करते हुए कोएनराड कहते हैं कि प्रायः माना जाता है

कि मुस्लिम देशों में पश्चिमी देशों का सैनिक हस्तक्षेप इन के 'इस्लामोफोबिया' का प्रमाण है। जबकि सच्ची बात ठीक उलटी है।

सैनिक हस्तक्षेप करने वाले पश्चिमी देशों ने सावधानी पूर्वक सदैव इस्लाम के पक्ष में बयान दिए हैं। उन्होंने कभी इस्लाम की हल्की से हल्की आलोचना भी नहीं की, जिन्होंने हजारों मुसलमानों को मारा है। उलटे वे तो 'सच्चे इस्लाम' की रक्षा की बात करते हैं। जैसे, जॉन कैरी, डेविड कैमरून, आदि। मुस्लिमों को मारते हुए वे कहते हैं कि वे 'मुस्लिम नहीं, मॉन्सटर' हैं। लेकिन क्या सचमुच? सभी लोग जानते हैं कि पश्चिमी सेनाएं जिन जिहादियों को, उन के ठिकानों को मारती रही हैं, वे सौ-फीसदी मुस्लिम हैं।

जिहाद-लड़कियों का उदाहरण

कोएनराड ने मध्य-पूर्व देशों में, विशेषकर ईराक, लीबिया और सीरिया में सैनिक हस्तक्षेपों का खुला और तर्कपूर्ण विरोध किया है। उन के विचार में इस से कोई लाभ नहीं है। इसीलिए वे जोर देकर कहते हैं, कि उन्हें मुस्लिम-विरोधी या मुसलमानों से घृणा करने वाला कहना सरासर गलत है। उसी तरह, पश्चिमी देशों के सत्ताधारियों को 'इस्लामोफोब' कहना भी सही नहीं। क्योंकि जहाँ कोएनराड इस्लाम की आलोचना करते हैं, वे सत्ताधारी इस्लाम के बारे में सदैव अच्छी-अच्छी बातें कहते हैं। जिहादियों द्वारा किए जा रहे सामूहिक संहारों, अपहरणों, बलात्कार, सिर काटने, आदि वीभत्स कामों को इस्लाम से अलग करने के लिए वे जिहादियों पर अन्य इरादों का आरोपण करते हैं। उन के अपने घोषित इरादों को खारिज कर, उन्हें 'दरिंदे', 'पागल', 'समाज-विरोधी', आदि बताते हैं। यह वास्तविक घृणा है। एक मजहबी विचारधारा को बचाने के लिए प्रत्यक्ष मुसलमानों के विरुद्ध घृणात्मक बातें कहना।

जबकि कोएनराड उन मुसलमानों का बचाव करते हैं। उन्हें आदर्शवादी मानते हुए कहते हैं कि उन्हें जैसा पढ़ाया गया है, उस मजहब के अनुरूप वे अपने को ढालने की कोशिश करते हैं। इसलिए वे सम्मान के योग्य हैं। उन्होंने जो अपराध किए उस के लिए उन्हें दंड मिलना चाहिए। किन्तु इस का कारण उनकी मतिहीनता नहीं, बल्कि वह मजहब है जिस ने उन्हें यह सब करना सिखाया है।

अपनी बात का एक विशिष्ट प्रमाण देते हुए कोएराड जिहादियों की एक विशिष्ट श्रेणी का उदाहरण देते हैं, जिन्हें 'जिहाद गर्ल्स' कहा जाता है। यह

कई देशों से आने वाली वे सुशील, बुर्कानशीं, मुस्लिम लड़कियाँ हैं जो स्वेच्छा से जिहादी लड़ाई वाले इलाकों में जाती हैं और जिहादियों को यौन-सुख सेवा देकर उन्हें आराम, सहायता करने का भाव रखती हैं। वे कोई वेश्याएं नहीं हैं (जो स्वयं वे पश्चिमी देशों की लड़कियों, स्त्रियों को समझती हैं!)। उन पर ऐसा करने का कोई दबाव नहीं है और वे जानती हैं कि उन्हें लौटने पर कोई ईनाम नहीं मिलने वाला, जो कम से कम विजेता जिहादियों को तो मिलता भी है। लेकिन यह लड़कियाँ तो शुद्ध आदर्शवाद के लिए अपने को लुटाने जाती हैं! अतः उन्हें तो 'पागल' या 'दुष्ट' कहना उचित नहीं, जिनके जाने से संभवतः किसी कुर्द, यजदी या असीरियाई स्त्री के शरीर की रक्षा ही होती है! इसलिए इस्लाम-परस्त नेताओं, बुद्धिजीवियों के विपरीत कोएनराड इन लड़कियों समेत आम जिहादियों के आदर्शवाद का उल्लेख कर सहानुभूति पूर्वक विचार करने की अपील करते हैं। कि दोषी वे नहीं, वे विचार हैं जिस ने उन्हें ऐसे कार्य के लिए प्रेरित किया है। क्या यह मुसलमानों के विरुद्ध घृणा फैलाना है?

वस्तुतः कई बिंदुओं पर, कई बार कोएनराड ने मुस्लिमों की सारी चर्चा वैसे की है जैसे कोई सहानुभूति रखने वाला मित्र ही कर सकता है। इसीलिए वे जोर देकर कहते हैं कि मुसलमानों को इस्लाम से मुक्त कराने का प्रस्ताव तो घृणा से ठीक उलटी भावना से प्रेरित है। उन की मदद करना है। उदाहरण देते हुए वे कहते हैं, कि मान लीजिए आपका कोई मित्र सचमुच 'सांता क्लॉज' में विश्वास रखता है। तो क्या उसे इस भ्रम से मुक्त कराना उसके प्रति सदभाव और कर्तव्य नहीं है? अतः किसी को 'बुतशिकनी', 'कुफ्र', 'जिहाद' जैसी धारणाओं से मुक्त कराने की कोशिश भी सदभाव से प्रेरित समझ सकना चाहिए।

कोएनराड की पक्की समझ है कि अमेरिकी, ब्रिटिश सरकारों ने इस्लामी आतंकवादियों के विरुद्ध सैनिक युद्ध छेड़कर सही काम नहीं किया है। इस से उलटे मुस्लिम देशों, समाजों में आतंकवादियों को सहयोग, समर्थन मिला है। जरूरत है कि मुस्लिम विश्व को शान्ति से रहने दिया जाए, अपने हाल पर छोड़ दिया जाए। जब उन्हें शान्ति और स्थिरता मिलेगी, तब वे संभवतः तुलनात्मक रूप से सहजता से देख सकेंगे कि उनके और गैर-मुस्लिम समाजों के जीवन में क्या अंतर है। हो सकता है कि तब वे स्वयं समझ लें कि इस्लामी अंधविश्वासों के कारण ही वे पिछड़े और संकीर्ण बने रहे हैं। इसलिए उन पर सैनिक नहीं, वैचारिक दबाव डाला डाना चाहिए। ताकि वे इस्लाम के 'एक मात्र सत्य' होने के दावे को स्वयं सचाई की कसौटी पर ही परख कर देख सकें कि वह कथित सत्य कितने पानी में है।

इस्लाम और सत्य

ऊपर तुर्की के महान नेता अतातुर्क के विचार उद्धृत किए गए हैं। यहाँ यह नोट करना चाहिए कि इस्लाम और कुरान की आलोचना पर, या उसके चित्रण, कार्टून आदि पर अतिरिक्त रूप से नाराज होने, हिंसा और उपद्रव करने का चलन हाल का फैशन है। विशेषकर 1973 के बाद, पेट्रो-डॉलर की ताकत अंतर्राष्ट्रीय मंच पर आने के बाद की। अन्यथा, अतातुर्क कमाल पाशा जैसी बातें अनेक महान दार्शनिकों, विद्वानों ने कही हैं। उन्हें कभी मुस्लिम विद्वानों द्वारा कभी वैचारिक चुनौती भी नहीं मिली। स्वामी विवेकानन्द, ने 1900 में, पसेडेना, कैलिफोर्निया में एक व्याख्यान में कहा था, "मुसलमान लोग इस दृष्टि से सबसे अधिक संकुचित और संप्रदायवादी हैं। उन का घोष-वाक्य है, 'अल्लाह केवल एक है और मुहम्मद उस का पैगंबर है'। उस के अतिरिक्त जो कुछ है वह न केवल बुरा है, अपितु नष्ट हो जाना चाहिए। इस घोष-वाक्य पर आस्था न रखने वालों को तुरन्त ध्वस्त कर देना चाहिए। जो पुस्तक उन से भिन्न उपदेश देती है उसे जला देना चाहिए। पाँच सौ वर्षों तक प्रशान्त महासागर से अटलांटिक महासागर तक रक्त की धारा बहाई गई, यही है इस्लामवाद।"

उसी तरह, इस्लाम के सैद्धांतिक आधारों की आलोचना भी होती रही है। वैसा करने वालों में मुस्लिम भी रहे हैं।

एक बार मुगल बादशाह अकबर के दरबार में किसी दार्शनिक ने पैगंबरवाद की कड़ी आलोचना की। उस ने कहा कि जब पैगंबर भी एक मनुष्य थे, तो सभी मनुष्यों को अपने जैसे ही दूसरे मनुष्य के सामने झुकाना बहुत बड़ी बुराई है। क्योंकि किसी भी मनुष्य में मनुष्य वाली कमजोरियाँ कमो-बेश होंगी ही। फिर उसने पैगंबर मुहम्मद की जीवनी से ऐसी कमियों का उल्लेख करते हुए पूछा, "जहाँपनाह, तब किस विज्ञान के आधार पर ऐसे व्यक्ति के आदेश मानना जरूरी समझा जाए?"

पैगंबरवाद के अलावा इस्लाम का एक बुनियादी सिद्धांत 'शर्क' का विरोध भी है। यानी अल्लाह में किसी को शरीक नहीं किया जा सकता। इस विचार की भी सधी आलोचना स्वयं मुस्लिम विद्वानों ने भी की है। क्योंकि अल्लाह में किसी को शरीक करने की संभावना ही दिखाता है कि अल्लाह की हस्ती सीमित है। किसी मानवीय बादशाह, सरदार, राष्ट्रपति, आदि जैसी। क्योंकि इनके राज्य की ही सीमाएं होती हैं। अतः कुरान में दी गई अल्लाह की धारणा

ही स्वयं उसे सीमित मानती है। इस के विपरीत ईश्वर की हिंदू धारणा उसे सर्वव्यापी मानती है। यानी जो है, वही है। अतः सभी मनुष्य, जीव-जंतु, चल-अचल, गोचर-अगोचर, अर्थात् पूरे अस्तित्व में ईश्वर है।

इस की तुलना में कुरान में मौजूद अल्लाह की धारणा निस्संदेह सीमित है। क्योंकि उस में साफ तौर से लिखा है कि अल्लाह में 'अल-उज्जा', 'अल-मनात' और 'अल-लात' शामिल नहीं हैं। ये तीन अरब देवियों के नाम हैं, जिन्हें मुहम्मद से पहले अरब में पूजा जाता था। इस प्रकार, कुरान के ही अनुसार इन तीन देवियों का अस्तित्व अल्लाह से अलग हुआ! यानी अल्लाह की हस्ती की सीमा है। जो निस्सीम है, उसमें शर्क हो ही नहीं सकता। जैसे, उपनिषद में दी गई ईश्वर की धारणा : ईशावास्यं जगत् सर्वम ...। संपूर्ण जगत में ईश्वर का वास है। इस के विपरीत कुरान में वर्णित अल्लाह की सत्ता संकुचित है। इस दृष्टि से अरब के प्रसिद्ध सूफी इब्न-अराबी (सन् 1165-1240) के शिष्य तीलीमानी ने कुरान को ही 'शर्क' का खुला दोषी बताया है!

भारतीय योगियों की दृष्टि से भी कुरान का एक मूल्यांकन द्रष्टव्य है। स्वामी विवेकानन्द ने सौ वर्ष से भी पहले 'ध्यान और समाधि' की व्याख्या करते हुए कुरान और मुहम्मद पर जो कहा था, वह अत्यंत सारगर्भित और शालीन मूल्यांकन है। यह ध्यान रखते हुए कि योग-चिंतन भारतीय प्रज्ञा की हजारों वर्ष पुरानी विरासत है, जिस की मूल्यवत्ता आज भी संसार में मानी जाती है, इन शब्दों को गंभीरता से लेना चाहिए। विशेषकर, इसलिए, कि स्वामी विवेकानन्द की यह बातें मुहम्मद, इस्लाम और कुरान के सत्य के दावे से सीधे जुड़ी है :

> ...ज्ञानातीत अवस्था में अचानक जा पड़ने से एक भारी खतरे की आशंका रहती है। अनेक स्थलों में तो मस्तिष्क के बिल्कुल नष्ट हो जाने की सम्भावना रहती है। और भी देखोगे, जिन सब मनुष्यों ने अचानक इस अतीन्द्रिय ज्ञान को पाया है, पर उसके वैज्ञानिक तत्व को नहीं समझा, वे कितने ही बड़े क्यों न हों, सच पूछा जाए, तो उन्होंने अँधेरे में टटोला है, और उनके उस ज्ञान के साथ कुछ न कुछ विचित्र अन्धविश्वास मिला हुआ है ही। उन्होंने अपने आपको भ्रान्तियों के लिए खोल रखा था। मुहम्मद ने घोषणा की कि एक दिन देवदूत गैब्रिल पर्वत की गुफा में उनके पास आया और उन्हें स्वर्गीय अश्व हैरक पर बिठा स्वर्गराज्य के दर्शन को ले गया। किन्तु, यह सब होते हुए भी, मुहम्मद ने कई आश्चर्यजनक सत्यों का उदघाटन किया। यदि तुम कुरान का अध्ययन करो, तो तुम पाओगे कि उसमें आश्चर्यजनक सत्यों के साथ ही कुछ अन्धविश्वास भी मिले-जुले हैं। इस की व्याख्या तुम कैसे करोगे? वे अवश्य ही दिव्य प्रेरणा से प्रेरित थे, किन्तु यह अन्तःप्रेरणा उन्हें अनजाने में ही अचानक मिल गई थी।

> वे कोई सिद्ध योगी न थे। अतः, अपने क्रिया-कलापों को न समझ सके। मुहम्मद ने संसार का क्या उपकार किया और उनके शिष्यों की धर्मांधता ने संसार की कितनी क्षति की—जरा इस पर विचार करो। उनकी कुछ शिक्षाओं पर गलत जोर देने के कारण लाखों की हत्याएं हुईं, लाखों माताओं ने अपनी सन्ताने खोयीं, लाखों मातृपितृविहीन बने और कितने ही देशों का सर्वनाश ही हो गया—जरा जरा सोचो तो।
>
> *— राजयोग*

स्वामी विवेकानन्द का उपर्युक्त अवलोकन कितना गूढ़, किन्तु कितना स्पष्ट है! इन में दिए गए बिंदुओं पर विमर्श एक से एक सत्य को समझने में सहयोगी हो सकता है। यहाँ इन्हें उद्धृत करने का तात्पर्य यह दिखाना भी है कि मुहम्मद और इस्लाम पर आलोचनात्मक चिंतन सदैव होता रहा है।

अतः जब कहते हैं कि इस्लाम और कुरान के 'एक मात्र सत्य' होने का दावा संदिग्ध है, और यह संदेह भी आरंभ से ही रहा है, अरब लेखकों, चिंतकों द्वारा भी, और विश्व के अन्य चिंतकों, दार्शनिकों द्वारा भी। फ्रांसीसी दार्शनिक वाल्तेयर, दिदेरो, जर्मन दार्शनिक शॉपेनहावर, इतालवी कवि दान्ते, आदि कई महान विचारकों ने भी ऐसी बातें कही हैं। इस विचार-विमर्श को मानवता के हित में तत्व-चिंतन की खोज और विकास के रूप में ही लेना चाहिए। उस सब को पढ़ना ही चाहिए, और दूसरों को भी पढ़ने के लिए प्रेरित करना चाहिए। इसी से हमारे ज्ञान का, बुद्धि का विस्तार होता है।

इसलिए, यह किसी के मान-अपमान का प्रश्न नहीं, बल्कि सहज वैचारिक विमर्श है। यह पहले भी होता रहा है। और आज भी इसलिए होना चाहिए क्योंकि इस्लाम का अपने 'एक-मात्र सत्य' होने का दावा केंद्रीय विचार-बिंदु है। इसी से बहुतेरी समस्याएं जुड़ी हैं। कट्टरवादी मुसलमानों में सारा अहंकार इसी से पैदा होता है। गैर-मुस्लिमों, गैर-फिरकों (हजारा, यजदी, शिया, अहमदिया, आदि), पर जुल्म ढाने और मार डालने तक की मानसिक क्षमता मात्र इसी से पैदा होती है। क्योंकि वे समझते हैं कि सत्य उनके पक्ष में है, कि वे सही काम कर रहे हैं। इसलिए इस सत्य वाले दावे की खुली परख होनी चाहिए। बल्कि, यदि हिंसक और असहिष्णु पक्षों को छोड़ भी दिया जाए, तब भी इस्लाम का सत्यता का दावा सही नहीं है। यह विचारना चाहिए।

पहली बात 'सच्चा धर्म' की शब्दावली ही अटपटी है। प्राचीन युग में लोग केवल 'धर्म' जानते थे। हिंदू, बौद्ध, जैन, सिख परंपराओं में आज भी धर्म बिना किसी विशेषण के जाना-माना जाता है। सत्य-असत्य की चर्चाएं दार्शनिकों,

वैज्ञानिकों का कर्म क्षेत्र है। कोई विचार, धारणा, सिद्धांत, आदि सत्य है या नहीं, यह अपनी बुद्धि, अवलोकन, चिंतन और प्रयोगों से तय करते हैं। इसीलिए ईसाइयत से पहले इस तरह की कोई शब्दावली ही कभी नहीं थी। पहली बार ईसाइयत और चर्च ने अपने मजहबी-विश्वास को 'एक मात्र सच' और दूसरे विश्वास को 'झूठ' कह कर 'सच्चे ईश्वर' (ट्रू गॉड) और 'झूठे ईश्वर' (फॉल्स गॉड) की पदावली चलाई। इस्लाम ने ठीक इसी पदावली को अपने मजहब के लिए अपना लिया, और ईसाइयत समेत दूसरे सभी धर्म-विश्वासों को झूठा बताया।

वस्तुतः यह पदावली ही सिरे से गलत है। जैसे कोई 'सही उचित' और 'गलत उचित' जैसे विशेषण का प्रयोग करे। उसी तरह, यदि कोई चीज धर्म है, तो सकारात्मक ही होगी। अन्यथा वह धर्म से इतर कुछ है या अधर्म है। इस प्रकार, धर्म मानवीय बुद्धि, भौतिक, दृश्य अनुभवों, आदि से परे किसी गूढ़, अगोचर, परम सत्ता को महसूस करना, उस के प्रति श्रद्धावान होना और अपने अस्तित्व को उस परम सत्ता के प्रति लगाव में स्थापित करने के प्रयत्न के सिवा कुछ नहीं है। यही धर्मवान होने की पहली पहचान है। ईसाइयत से पहले के यूरोपीय लोगों की धर्म-चेतना ठीक ऐसी ही थी। इसे रोमन दार्शनिक और सम्राट मार्कस ऑरेलियस की प्रसिद्ध पुस्तक 'मेडीटेशंस' के प्रत्येक पृष्ठ पर महसूस किया जा सकता है। यह ईसाइयत के आगमन से पहले की कृति और तत्व-चिंतन है।

किन्तु, जब धर्म-चेतना की मूल पहचान को किनारे कर कोई विचार, मतवाद अपने को 'सही धर्म' तथा दूसरे को 'झूठा' कहने का दावा करता है, तब स्वभाविक—और अनिवार्यतः—यह कर्तव्य उपस्थित होता है कि उस की जाँच करें!

जैसा ऊपर कहा गया, सत्य-असत्य की चर्चा का क्षेत्र ही दार्शनिकों, वैज्ञानिकों, बुद्धिजीवियों का है। तब यह श्रद्धा का मामला रहता ही नहीं। अतः चर्च के प्रतिनिधि हों या इस्लाम के, वे ईसा या मुहम्मद के विचारों, कार्यों, आदि पर सवाल उठाए जाने पर बुरा मानकर विचित्र रुख अपनाते हैं! क्योंकि 'एक मात्र सच' का दावा, और फिर उस सच के आलोचनात्मक परीक्षण का बुरा मानना, दोनों नहीं चल सकता। या तो आप अपने विश्वास में रमे रहें और दूसरों को उस की उपेक्षा करने, ठुकराने या उसी अधिकार से अन्य विश्वास अपनाने को सहज मानें—अथवा, अपने कथित एक-मात्र सच के कड़े परीक्षण के लिए तैयार रहें। 'मेरा विश्वास ही पूरी पृथ्वी पर सबका हो, नहीं तो मैं उन

न मानने वालों से जबरन मनवाऊँगा या उसे मार डालूँगा'—इस्लाम की यह बुनियादी टेक कोई धर्म नहीं, शुद्ध राजनीति है। इसी को साम्राज्यवाद भी कहा जाता है।

अतः जब तक इस्लाम का 'एक मात्र सच' होने का दावा है, तब तक विद्वानों, दार्शनिकों, वैज्ञानिकों द्वारा इस की परख करना भी लाजिमी है। इस के मूल सिद्धांत की पहली बात कि 'अल्लाह के सिवा और कोई ईश्वर नहीं है' को एक रूप में सही ठहराया जा सकता है। कुछ उस तरह, जैसे गाँधीजी कहते थे, कि किसी नाम से ईश्वर को पुकारो, वह एक ही है: 'ईश्वर-अल्ला तेरो नाम...'। किन्तु समस्या यह है कि इस्लाम की समझ यह नहीं है! चाहे बहुतेरे भोले हिंदू अपनी तरफ से ईश्वर और अल्लाह को एक मान कर चलते हैं, और यह भी मान लेते हैं कि मुस्लम भी यही समझते हैं। किन्तु इस्लामी विश्वास ऐसा नहीं है। वह अल्लाह के लिए शिव, ब्रह्म या नारायण नाम स्वीकार नहीं करता। फिर भी, चलिए, क्षण भर के लिए इस बिंदु को रहने दें।

बुनियादी समस्या इस्लामी विश्वास का दूसरा बिंदु है, जो मूल बिंदु है। यानी अल्लाह से भी बड़ा बिंदु! यह है: अल्लाह का 'एक मात्र पैगंबर मुहम्मद' को बताया जाना। यही इस्लामी मजहब का आदि-अंत निर्धारक बिंदु है, क्योंकि बाकी हर चीज इसी से निःसृत होती है। स्वयं अल्लाह भी! इसीलिए, सच तो यह है कि जिसे आज इस्लाम कहा जाता है, उसे हाल तक उस के सही नाम 'मुहम्मदी-मत' या 'मोहेम्डनिज्म' कह कर ही पुकारा जाता था। यह अकारण न था। क्योंकि इस्लाम की सारी बातें एक इतिहास-पुरुष, मुहम्मद, के दावे के सिवा कुछ नहीं है। यहाँ तक कि उनके पैगंबर होने का दावा भी उनका अपना ही था। कुरान की सारी बातें मुहम्मद की कही बातें हैं। सुन्ना मुहम्मद का जीवन जीने का तरीका और व्यवहार है। हदीस उन व्यवहारों, वचनों, कार्रवाइयों का संकलन है। मुसलमानों की संपूर्ण प्रेरणा इन्हीं से निःसृत होती है।

इसलिए 'सच' की परख के लिए एक उपयोगी पद्धति यह भी हो सकती है कि किसी को बिना शीर्षक बताए पूरी कुरान पढ़ने को दे दी जाए। यानी परखने योग्य एक किताब के रूप में, जिस पर पहले से महानता का ठप्पा न लगाकर दिया गया हो। उसे पढ़कर उस में ऐसा शायद ही ऐसा कुछ मिलेगा जिसे दैवी, अनोखा या अदभुत कहा जा सके। उलटे उस में कही बातें निरंतर असंबद्ध, विश्रृंखल मिलती हैं। इतिहास और विज्ञान की दृष्टि से उस में अनेक तथ्यगत गलतियाँ हैं। फिर अनेक बातों का अंतहीन, उबाऊ दुहराव भी मिलता है। कुल मिलाकर उस में ऐसी कोई बात नहीं है, जिसे 7वीं सदी का कोई

अरब व्यापारी नहीं जानता था। या स्वयं नहीं कह सकता था। इसलिए उस किताब के 'इलहाम' (दैवी संदेश) होने की बात महज एक दावे और व्याख्या के रूप में जोड़ी जाती है। स्वयं उसे पढ़कर ऐसा कुछ नहीं लगता, कि कोई ईश्वरीय, परम सत्ता यह सब कह रही हो। इसलिए, यह बात केवल एक व्यक्ति का अपना दावा है कि उसे दैवी संदेश में यह सब कहा गया। (इस बिंदु को रहने दें कि कुरान की संपूर्ण सामग्री की तुलना सदियों पहले लिखे मार्कस ऑरेलियस के 'मेडीटेशंस' या बुद्ध के 'धम्मपद' की सामग्री से करने पर क्या मूल्य निकलता है!)

दूसरे शब्दों में, अर्थात् किसी 'सत्य' की वैज्ञानिक परख में इसे किसी व्यक्ति का प्रलाप या डिल्यूजन भी कहा जा सकता है। यह मुसलमानों की समस्या है कि वे इस किताब की बातों को गंभीरता से लेते हैं। जबकि पारंपरिक अरबी स्रोतों में उपलब्ध मुहम्मद की विस्तृत जीवनियों के विवरण उन्हें स्पष्ट रूप से अति-आत्म-केंद्रित, पारानोइया-ग्रस्त व्यक्ति जैसा दिखाते हैं। केवल अपने को हर चीज के केंद्र में रखना, स्वयं को अल्लाह का विशेष दूत बताना, बीच-बीच में आवेश में आना, कुछ-कुछ बोलना या बुदबुदाना, तरह-तरह की चीजें देखने लगना, आदि। किसी भी मनोचिकित्सक से ऐसे लक्षणों वाले व्यक्ति पर राय ले सकते हैं। क्योंकि वे ऐसे लोगों से मिले और उनके बारे में जानते हैं।

इस से पहले कि कोई इन बातों पर नाराज होने लगें, उन्हें ध्यान रखना चाहिए, कि यह शुद्ध सेक्यूलर, धर्म-निरपेक्ष दृष्टि से कही गई बात है। इस विश्लेषण में एंटी-मुस्लिम या एंटी-इस्लाम कुछ नहीं है, जब कहा जाए कि मनोविज्ञान के अनुसार अमुक-अमुक लक्षणों वाले व्यक्ति की संभावना अमुक-अमुक है। यह निहायत दूसरी बात है कि वह व्यक्ति स्वयं अपने बारे में कुछ भी क्यों न समझे। (ऊपर दिए गए स्वामी विवेकानन्द के लंबे उद्धरण पर पुनः ध्यान दें।)

अतः जब इस्लाम संबंधी सभी मूल बातों का स्रोत मुहम्मद स्वयं हैं, कि उनकी पुष्टि किसी अन्य की गवाही से नहीं हुई, तब तक यह स्थिति संभावित है कि उन्हें भ्रम हुआ हो। यह वैज्ञानिक सिद्धांत है, जिस में बुरा मानने की कोई बात नहीं। किसी व्यक्ति के परा-मानवीय होने के दावे को मानवीय भ्रम कहना एक सहज बात है। एक मानवीय चर्चा है। इस का किसी धर्मवाद या मजहब से कोई लेना-देना नहीं है। फिर, 'एक मात्र सत्य' के दावे के संदर्भ में परीक्षण पर आपत्ति करना ही दोहरापन और अंतर्विरोध है।

मनोविज्ञान की ही एक और अवधारणा है जिसे 'फालीया डू' (folie à

deux) कहते हैं, यानी दो व्यक्तियों का संयुक्त पागलपन। जब किसी मनोरोगी का मित्र या निकटवर्ती भी उस की बातों का विश्वास करने लगे, तब यह कहा जाता है। अतः कहा जा सकता है कि इस्लामी विश्व समवेत रूप से इस मनोभ्रम, डिल्यूजन का शिकार है। निस्संदेह, अनेक मुस्लिम भी मन ही मन उन विश्वासों पर संदेह करते हैं। किंतु डर से उन्हें व्यक्त नहीं करते। व्यक्त करते ही उनकी जान पर आँच आने की प्रत्यक्ष संभावना होती है। सलमान रुशदी से लेकर, अनवर शेख, वफा सुलतान तक दर्जनों प्रसिद्ध मुस्लिम लेखकों के नाम और उनकी किताबें उदाहरण के लिए रखी जा सकती हैं। यह दशकों से चल रहा है।

इस्लामी अल्लाह की कमियाँ

अतएव, क्या यह विचारणीय नहीं कि इस्लाम के 'एक मात्र सत्य' होने का दावा किसी तर्क-तथ्य पर आधारित न होकर हर किसी को मार डालने की धमकी पर हो, जो उस पर संदेह करे? नोट करने की बात यह है कि यह प्रवृत्ति आरंभ से ही, चौदह सौ साल से चल रही है। स्वयं मुहम्मद ने किसी को अपनी बुद्धि, तर्क या तथ्य से कायल किया हो, ऐसी कोई कथा इस्लामी इतिहास की किताबों में नहीं है। उन की बातों पर हरेक संदेही का सिर काटकर ही मुहम्मद ने अपना मत फैलाया था। इस के गर्वीले विवरण खुद मुहम्मद की जीवनियों में भरे पड़े हैं। ऐसे मत का 'सत्य' विश्वास यदि सामूहिक मनोरोग नहीं, तो और क्या है?

कुरान का अध्ययन करने वाला आसानी से देख सकता है कि उसमें वर्णित अल्लाह कितना कमजोर, अपूर्ण, दोषपूर्ण है। उस में किसी साधारण मनुष्य की मामूली कमजोरियाँ जैसे ईर्ष्या, द्वेष, संदेह, क्रोध, हिंसा, आदि भरी दिखती हैं। वह मानो स्वभाव से ही संदेह-ग्रस्त है। इस बात से हमेशा डरा हुआ कि लोग उस की सत्ता या बात मानने से इंकार कर सकते हैं। उस में चंचलता भी है जो कभी एक बात कहती है, कभी दूसरी जिसमें तारतम्य नहीं मिलता। इसी कारण उसमें कोई दूर-दृष्टि भी नहीं है, यानी उसे स्वयं पता नहीं कि आगे क्या होने वाला है! अन्यथा, बार-बार लोगों को धमकियाँ देने, डराने की जरूरत न होती। यही नहीं, वह निर्बल भी है क्योंकि वह लोगों को मुहम्मद के माध्यम से बार-बार कहता है कि अल्लाह के लिए यह करो, वह करो, विशेषकर अल्लाह पर अविश्वास करने वालों को मारो, खत्म करो या किसी तरह झुकाओ।

मानो अल्लाह खुद ऐसा करने, करवाने में अक्षम है। उस अल्लाह का डर और हिंसक रूप पूरी कुरान में असंख्य बार मिलता है।

जैसे, "अल्लाह गैर-मुस्लिमों का दुश्मन है।" (2 : 98) "और तुम उन को जहाँ-कहीं पाओ, कत्ल करो"। (2 : 191) "जो हमारे इलहाम (कुरान में लिखी बातों) को स्वीकार नहीं करते, वे जहन्नुम की आग में जलेंगे। जैसे ही उनकी चमडियाँ जल जाएंगी, वैसे ही हम उन्हें नई चमड़ी दे देंगे।" (4 : 56) "जो कोई अल्लाह के साथ किसी को शरीक करेगा, उसके लिए अल्लाह ने जन्नत हराम कर दी है। उसका ठिकाना जहन्नुम है।" (5 : 72) "काफिरों से तब तक लड़ते रहो जब तक दीन पूरा का पूरा अल्लाह के लिए न हो जाए।" (8 : 39)

ऐसे कथन किसी सर्वशक्तिमान ईश्वर नहीं, बल्कि किसी स्थानीय सरदार की मानसिकता दर्शाते हैं। जो मात्र हथियारों के बल पर जिंदा है। उसके बिना वह एक दिन भी टिकने की स्थिति में नहीं दिखता।

वफा सुलतान ने इस प्रसंग में सामर्थ्य (पावर) और बल-प्रयोग (फोर्स) के अंतर पर ध्यान दिलाया है। कुरान में इनमें कोई अंतर नहीं किया गया है। मानो अल्लाह की पूरी ताकत बल-प्रयोग पर आधारित है, किसी सामर्थ्य पर नहीं। किसी समर्थ सत्ता की बात लोग स्वभावतः मानते हैं और परिणामतः जीवन शांतिपूर्वक चलता है। यह तो असमर्थ तत्व होते हैं जो अपनी बात बल-पूर्वक मनवाने को लाचार होते हैं क्योंकि उनके पास कोई और सामर्थ्य नहीं। इस प्रकार, कुरान का अल्लाह और उस का पैगंबर बुद्धि, विवेक, दूरदृष्टि और क्षमता में वस्तुतः कमजोर हैं। तलवार, बंदूक या गड़ाँसा लिए हुए किसी हिंसक व्यक्ति के सामने तो कोई भी विवशता में ही झुकता है। यह उस व्यक्ति की बुद्धि या ज्ञान का परिचायक नहीं होता। कुरान का अल्लाह ऐसा ही व्यक्ति प्रतीत होता है।

ऐसा अल्लाह दरअसल कोई सामान्य मध्ययुगीन अरब आदमी जैसा निर्बल, भयभीत और शंकालु है। जो कठिन भौगोलिक स्थिति, खाद्य और पानी के आम अभाव, तथा साथ ही लुटेरों, राहजनों के भय से त्रस्त रहता है। इसी व्यक्ति का प्रतिबिंब उस अल्लाह में दिखता है, जिसके पास किसी को प्रेम, शांति, करुणा, सदविचार और सदभाव से जीतने की सामर्थ्य नहीं है। इसीलिए वह बल-प्रयोग के सिवा अपनी रक्षा की भी कल्पना नहीं कर पाता, किसी पर शासन करना तो दूर रहा। किसी सचमुच सामर्थ्यवान ईश्वर या अल्लाह को अपनी हुक्म-उदूली या लोगों के विद्रोह का डर नहीं हो सकता। (जैसे, किसी अमेरिकी राष्ट्रपति को ऐसी कोई चिंता नहीं होती कि उसका आदेश अधीनस्थों द्वारा न

माना जाएगा)। इसलिए अपनी सत्ता बचाने के लिए उसे हिंसा करनी पड़े, मारने-जलाने की धमकियाँ और आदेश देना पड़े, तो यह स्वतः प्रमाण है कि उस अल्लाह में कोई सामर्थ्य नहीं है कि लोग स्वभावतः उसकी बात मानें। यह वास्तविक ईश्वर और मुस्लिम ईश्वर में बुनियादी अंतर है।

वास्तविक ईश्वर को अपनी सत्ता की फिक्र नहीं हो सकती, जबकि मुसलमानों का ईश्वर हमेशा इसी चिंता में डरा दिखता है कि लोग उसे मानना बंद कर देंगे। कुरान का यह कथन भी देखें, "पैगंबर, अपने विश्वासियों को हथियारबंद करो। अगर तुम्हारे बीच बीस पक्के आदमी होंगे तो वे दो सौ को हरा देंगे। अगर वे सौ होंगे, तो एक हजार अविश्वासियों (काफिरों) को खत्म कर देंगे, क्योंकि ये लोग समझ से खाली होते हैं।" (8 : 65) जरा विचार करें, अल्लाह किस सूरते-हाल में अपने विश्वासियों, अरब आदमियों को लड़ाई के लिए उकसाता है? तभी, जब उसे भरोसा न हो कि वह अपनी बात शान्तिपूर्वक मनवा सकता है।

किसी को अपनी सामर्थ्य, सचाई या उपयोगिता पर भरोसा हो तो उसे बल-प्रयोग करने की जरूरत ही नहीं महसूस होगी। यह किसी ज्ञान के लिए भी सच है। **सच्चा ज्ञान धार्मिक हो या वैज्ञानिक या दार्शनिक, वह स्वतः अपने बूते हमें कायल करता है। उसे मानने, मनवाने के लिए किसी को हिंसा नहीं करनी पड़ती**। जैसे, गुरुत्वाकर्षण का सिद्धांत या योग-विज्ञान। इसे लोग मानें, इसके लिए किसी वैज्ञानिक या योगी को धमकी देने की जरूरत नहीं है! बल्कि उसे इस से कोई मतलब ही नहीं है कि लोग उसे मानते हैं या नहीं। दूसरे शब्दों में, वैचारिक, धार्मिक अवधारणाएं भी यदि सत्य या उपयोगी हैं, तो अपनी सत्ता स्वयं मनवा सकती हैं। उसके लिए उन्हें अपने अनुयायियों, विश्वासियों द्वारा किसी मदद की जरूरत नहीं होती। जैसे, गीता का ज्ञान स्वयं अपनी उपयोगिता सिद्ध करता रहा है। उसे दुनिया में फैलाने, पढ़ाने के लिए किसी को लाठी या बंदूक दिखाने की आवश्यकता कभी नहीं पड़ी। और वह गीता मानवता के साथ पाँच हजार वर्षों से है। यह उस की अपनी सामर्थ्य है।

कुरान में मौजूद अल्लाह और उसका पैगंबर, दोनों ही इस दृष्टि से पूर्णतः दुर्बल हैं। बिना हिंसा-बल और उसके प्रयोग के वे चार कदम भी चलने में निहायत असमर्थ दिखते हैं। कुरान में दर्जनों ऐसी आयतें हैं जो गैर-मुसलमानों को मार डालने और उन के प्रति साधिकार हिंसा का आदेश देती हैं। कुरान (पेंग्विन संस्करण) के इंडेक्स में 'युद्ध' के लिए चालीस उल्लेख हैं, जबकि

'शांति' का एक भी नहीं! इसी तरह, मुहम्मद की कोई भी जीवनी उठाएं, उस में उनके द्वारा लड़े गए युद्धों का वर्णन सविस्तार मिलता है। वे युद्ध भी अधिकांश दूसरों पर हमले और छल-बल-हिंसा द्वारा अधिकार जमाने के हैं, किन्हीं दूसरों द्वारा हमला किए जाने पर बचाव के नहीं। इस दृश्य की तुलना में कहीं मुहम्मद को दार्शनिक प्रवचन देते या लोगों को अपने विचारों से कायल कर लेने का कोई उदाहरण शायद ही मिलता है।

यह सब स्पष्ट दिखाता है कि जिसे ईश्वरीय संदेश कहा गया है वह जोर-जबर्दस्ती की राजनीतिक विचारधारा है, कोई आध्यात्मिक वस्तु नहीं। इस सचाई की परख पिछले चौदह सौ वर्षों के इस्लामी इतिहास से हो सकती है। जिस तरह मुहम्मद को अपनी सत्ता तलवार के बल मनवानी पड़ी, उसी तरह आज भी इस्लामी नेता, शासक, प्रवक्ता केवल हिंसा और हिंसा की धमकी के सिवा कोई उपाय नहीं जानते। स्वयं मुसलमानों को अपने अधीन रखने के लिए, उनकी शंकाओं, आलोचनाओं को दबाने के लिए उनके पास मौत के फतवे के सिवा कोई उपाय नहीं है। ऐसी विचारधारा को ईश्वरीय कहना मनोरोग के सिवा कुछ और नहीं कहा जा सकता।

इस विचित्र स्थिति में, यदि मुस्लिम विश्व इस मनोभ्रम से मुक्त हो कर सहज हो जाए। वह भी मानवीय तर्क, विवेक, स्वतंत्र विचार-विमर्श, विचार-वैभिन्य को स्वीकार करने, विविध धर्मों को सहज स्वीकृति देने, नास्तिकता को भी स्वीकार करने, गैर-मुस्लिमों को भी बराबरी के मनुष्य मानकर, मेल-जोल से रहने की सहज स्थिति में पुनः स्थापित हो सके—घर वापस आ जाए—तो बुरा क्या है!

दुनिया इस्लाम से पहले भी थी, और बड़ी अच्छी स्थिति में थी। अरब जगत की मध्ययुगीन बदहाली को छोड़ दें, तो मिस्र, चीन और भारत में महान सभ्यताएं थीं, जहाँ भौतिक खुशहाली से लेकर ज्ञान-विज्ञान की भरपूर उन्नति हुई थी। यह सब बातें 7वी सदी का कोई अरब व्यापारी न जानता रहा हो, तो इस से वह ऐतिहासक तथ्य मिट नहीं जाता कि इस्लाम-पूर्व दुनिया कोई 'जाहीलिया' नहीं, बल्कि बहुत बड़ी और समृद्ध भी थी।

दूसरी ओर, आज भी इस्लाम से भिन्न दुनिया ही उन्नतिशील है। आज मुस्लिम विश्व जिन सुख-सुविधा की चीजों का उपयोग करता है—रेल, मोटर, जहाज, फोन, कंप्यूटर, गगनचुंबी अट्टालिकाएं, चॉकलेट, आइसक्रीम, डिजाइनर पोशाकें, खेल के सामान, आधुनिक हथियार, पेट्रोल उत्पादन-वितरण की सारी मशीनरी तक, आदि उन में से एक भी चीज इस्लामी जगत की ईजाद नहीं है।

यह सब उन लोगों की खोजी और बनाई हुई है जो गैर-मुस्लिम हैं, यानी इस्लामी नजरिए से 'झूठे धर्म' को मानते हैं।

दरअसल, इस्लामी नेताओं, जिहादियों की खीज और क्रोध इस प्रत्यक्ष सचाई से भी है कि अपने 'एक मात्र सच्चे' मजहब के खाते में मार-काट, धोखा, वर्चस्व, जबरदस्ती, लूट, जबरन धर्मांतरण, आदि के सिवा वे कुछ भी सकारात्मक दिखाने में असमर्थ हैं। ले-देकर पुराने रूसी कम्युनिस्टों की तरह दूसरों के हर आविष्कार को 'दरअसल पहले एक मुसलमान ने यह बनाया था' या 'इस का सिद्धांत सोचा था' जैसे निपट अज्ञान भरे दुराग्रह के सिवा कुछ नहीं कह पाते।

इस्लाम में नैतिकता का संकट

महान लेखक सोल्झेनित्सिन ने लिखा है कि किसी समाज में यदि कानून का शासन न हो, तो वह बुरा है। जैसे कम्युनिस्ट देशों में देश का संविधान, कानून, न्याय, आदि सब कुछ पार्टी की मनमर्जी के नौकर थे। लेकिन आगे सोल्झेनित्सन यह भी जोड़ते हैं कि, पर यदि किसी समाज में कानून के सिवा कोई और मानदंड न हो, तो वह भी मनुष्य के योग्य नहीं है।

यह दूसरी बात इस्लामी समाज पर बहुत हद तक लागू है। यानी जिस हद तक किसी देश में इस्लामी कायदे-कानूनों का वर्चस्व है और मानवीय मूल्यों, अंतरात्मा या सामान्य नैतिकता के स्वर को कोई या विशेष महत्व नहीं दिया जाता। जैसा वफा सुलतान के अवलोकन से स्पष्ट है, अरब देशों में इस्लाम से पहले के सभी ज्ञान, नियम और परंपराओं को पूरी तरह मिटा दिया गया है। जबकि इंडोनेशिया, मलयेशिया, पाकिस्तान, बंगलादेश, आदि देशों में यह नहीं हो सका है।

अतः अनेक एसियाई देशों में मुसलमानों के बीच पहले के ज्ञान व मान्यताएं, नैतिकता के अनेक नियम और सहज मानवीय मूल्य बचे हुए हैं। उन्हें भी आदर है, तथा उस प्रभाव में कई पुराने रीति-रिवाज जारी हैं। जैसे, इंडोनेशिया में मुसलमानों के बीच राम-लीला होती है, तथा रामकथा को राष्ट्रीय आदर मिला हुआ है। पाकिस्तान-बंगलादेश में पीरों के मजार पर मेले लगते हैं, जहाँ मुसलमान श्रद्धालु जाते हैं। यह सब इस्लामी नजरिए से 'कुफ्र' यानी घोर अनुचित है, क्योंकि यह सब हिंदू परंपरा प्रभाव की चीजें हैं। इस्लाम में कब्र पर इबादत या उसे महत्व देना, मकबरा आदि बनाना सख्त मना है। इसीलिए

अरब देशों में किसी पीर, खलीफा, सुलतान की कौन कहे, खुद पैगंबर की भी कोई मजार, आदि नहीं है।

इसी स्थिति को वफा सुलतान ने एसियाई देशों के मुसलमानों का 'लेस डैमेज्ड' होना बताया था। दूसरे शब्दों में, चूँकि अरब देशों में इस्लाम से भिन्न कोई परंपरा, नीति या नियम नहीं रहने दिया गया, इसलिए वे पूरी तरह चौपट हैं। अर्थात्, नैतिकता की दृष्टि से। ऐसे ही समाज को, जहाँ किसी (अरब मामले में: इस्लामी) कानून-संहिता के सिवा और कोई मानदंड न हो, सोल्झेनित्सन ने मनुष्य के रहने योग्य नहीं माना था।

इस प्रकार, अरब देशों में नैतिकता का घोर संकट एक भारी समस्या है। यह इस्लाम, केवल इस्लाम तथा इस्लाम के सिवा किसी अन्य मानदंड को कठोरतापूर्वक ठुकराने से बनी है। जिस हद तक गैर-अरब देशों में भी उलेमा मुसलमानों के बीच शरीयत को पूरी तरह और कठोरता पूर्वक लागू कर पाते हैं, उस हद तक यह हर कहीं मुसलमानों के बीच नैतिकता के संकट को जन्म देती है।

उदाहरण के लिए, भारत जैसे देश में शाह बानो, गुड़िया, इमराना जैसे मामले; राष्ट्रगान 'वन्दे मातरम' गाने या न गाने; गीत-संगीत सीखने, गाने-बजाने; लड़कियों के पढ़ने, नौकरी करने, बिना पर्दा या अकेले घूमने-फिरने; होली-दीवाली मनाने या न मनाने; किसी दूसरे देश के इस्लामी नेता या ईमाम, अयातुल्ला के आवाहन, जो भारतीय संविधान-कानून के विरुद्ध हों, को मानने या न मानने, आदि प्रसंगों में वही संकट दिखते हैं। ऐसे बिंदुओं पर भारतीय मुसलमानों में एक राय नहीं है। कारण यही है कि मानवीय भावना तथा सामान्य नैतिकता उन्हें एक रुख लेने के लिए प्रेरित करती है। जबकि शरीयत के नाम पर उनके नेता, उलेमा उन्हें दूसरा रुख लेने के लिए मजबूर करते हैं। इस प्रकार, गैर-अरब देशों में भी मुसलमानों के बीच नैतिकता का संकट पैदा होता रहता है।

जबकि अरब देशों में तो यह भयावह रूप में है। इस का सीधा कारण है कि केवल कानून किसी समाज को स्वस्थ या सुरक्षित नहीं रख सकता! सोल्झेनित्सन का संकेत यही था। कानून भी ठीक से लागू हो, इसके लिए समाज में नैतिकता की नींव रहना जरूरी है। वस्तुतः किसी समाज के नैतिक मूल्य ही कानूनों का सहज अनुपालन सुनिश्चित करते हैं। केवल दंड-भय से कानूनों का भी पूर्ण पालन करवाना असंभव ही है।

फिर, मनुष्यों के बीच आपसी संबंधों के असंख्य रूप और स्थितियाँ होती हैं। उन सब के बारे में कोई न कोई कानून नहीं बनते रह सकता। तब कानूनों

का कोई अंत ही नहीं रहेगा! मानव जीवन विविध, विराट और बहुमुखी है। उन सबका संयोजन केवल आम, मानवीय नैतिकता कर सकती है। यह नैतिकता स्वभाव से ही किसी कानून, संविधान, मजहबी विश्वास, राष्ट्रीय सीमा, आदि से परे होती है। जिस समाज में नैतिकता का आदर होता है, वही सभ्य समाज होता है। जहाँ लोग कानूनों का पालन भी स्वभाववश करते हैं, और स्वभाववश ही विनम्रता, अपना एवं दूसरों का सम्मान, आपसी व्यवहार में सत्य-निष्ठा, भिन्न विचार वालों का आदर, शिष्टाचार, आदि का पालन भी उसी तरह स्वभावतः करते हैं। इस के लिए किसी कानूनी निर्देश का भय नहीं रहता। पर नैतिकता के विपरीत किसी कार्य को बुरा समझा जाता है। ऐसा ही समाज मनुष्य के रहने योग्य है।

इसी दृष्टि से मुस्लिम, विशेषकर अरब देशों में नैतिकता का घोर संकट है। यह वहाँ मूलतः शासन, कानून, संसाधन या विदेश-संबंध की समस्या नहीं है। वे ऐसे मजहबी कानून से निर्देशित हो रहे हैं जो स्वयं को बलपूर्वक लागू करता है, और लोगों के बीच भय के सिवा अपने अनुपालन का कोई कारक नहीं जानता। यह इस्लाम तथा मुस्लिम समाज, दोनों के लिए ऐसा संकट है, जिसे गैर-मुस्लिम समाजों के लिए पूरी तरह समझना भी कठिन है।

जब कोई मजहब या रिलीजन किन्हीं मनुष्यों के जीवन पर संपूर्ण अधिकार कर लेता है, और करने की प्रवृत्ति रखता है, तो इस में कोई आध्यात्मिकता नहीं रह जाती। वह पूर्णतः एक तानाशाही भौतिक सत्ता मात्र हो जाता है, जो समय के साथ लोगों की विविध, बदलती जरूरतों के साथ सामंजस्य भी रखने में असमर्थ हो जाता है। उस की पूरी चिन्ता और ताकत अपनी सर्वाधिकारी सत्ता को बनाए रखने में लग जाती है। सोवियत तथा अन्य कम्युनिस्ट देशों की मुख्य विडंबना यही थी, जिस से वे अटपटे होते और निरंतर पिछड़ते चले गए। अंततः समाप्त हुए। ठीक वही विडंबना कुछ ही भिन्न रूप में मुस्लिम देशों में भी है। जिस हद तक वे केवल इस्लाम को जीवन के हर क्षेत्र में अपना एक मात्र दिशा-निर्देशक बनाने की कोशिश करते हैं, उस हद तक लोगों का जीवन विकृत होता जाता है। वह बदलती दुनिया के बदलावों के समक्ष निरुपाय, हास्यास्पद और क्षुब्ध होता रहता है। यही सब कट्टरता, चिड़चिड़ेपन, शिकायत और क्रोध आदि रूपों में व्यक्त होता है।

टेलीविजन पर इस्लामी नेताओं, उलेमा या विशेषज्ञों को ध्यान से सुनकर प्रायः इस की अनुभूति की जा सकती है। कोई भी मौलाना कभी यह कहते शायद ही मिले कि उसे कोई बात नहीं मालूम है। अथवा, इस्लामी किताबों में

हर चीज का उत्तर नहीं हो सकता। सभी मौलाना पुरातत्व, जेनेटिक्स, बैंकिंग, परमाणु बम, कला, खान-पान आदि से लेकर पोलियो के टीके, स्त्रियों के रजस्राव, जानवरों के मल-मूत्र तक हर चीज पर अधिकार पूर्वक बोलते नजर आते हैं। उनमें अधिकांश ऐसे होते हैं, जिन्होंने मदरसों में कुछ इस्लामी किताबों के सिवा आजीवन कभी कुछ नहीं पढ़ा होता। लेकिन वही लोग मुसलमानों के आधिकारिक मार्गदर्शक हैं। जिनकी बातें मानना मुसलमानों के लिए बाध्यकारी भी है!

यह इस्लाम द्वारा मुस्लिम जनता की नैतिकता और संस्कृति को हानि पहुँचाने का एक उदाहरण भर है। भारत जैसे देशों में जो यह कहें कि 'मौलानाओं की सारी बातें/फतवे मानता कौन है', वे दो तथ्य भूलते हैं। एक तो यह कि कुरान अरबी में होने के कारण गैर-अरब देशों के मुस्लिम प्रायः इस्लामी सिद्धांतों, निर्देशों को बहुत कम जानते हैं। दूसरे, गैर-मुस्लिमों के साथ रहते अनेक पारंपरिक, गैर-इस्लामी रीति-नीति, नियमों को वे स्वभावतः सदा से मानते रहे हैं। इसीलिए, उनके उलेमा की शक्ति वैचारिक और राजनैतिक, दोनों रूप से सीमित होने के कारण ही वे उनकी उपेक्षा करते हैं। लेकिन, जैसे-जैसे पूर्ण इस्लाम का दबाव उन पर पड़ता है ('तबलीगी आंदोलन') या राजनीतिक सत्ता में उलेमा की बढ़त होती है (अफगानिस्तान, पाकिस्तान), वैसे-वैसे मुसलमानों के लिए यह बाध्याकारी होता जाता है कि वे किसी ईमाम, अमीर, शेख या अयातुल्ला की बात मानें या कठोर सजा भुगतने के लिए तैयार रहें।

यह प्रक्रिया अटल है। इसीलिए अरब देशों में जो बहुत पहले हो चुका, वही पाकिस्तान, अफगानिस्तान में हाल में करने की कोशिश हो रही है। कि इस्लाम से पहले की सारी रीतियों, नियमों, चिन्हों, आदि समेत पूरी नैतिकता को खत्म कर दिया जाए। पूर्ण इस्लाम या विशुद्ध इस्लाम की यही माँग है। भारत में तबलीगी आंदोलन, अफगानिस्तान-पाकिस्तान में तालिबान, तथा अंतर्राष्ट्रीय स्तर पर अल कायदा से लेकर इस्लामी स्टेट ऑफ ईराक एंड सीरिया (आईसिस) तक केवल यही करते रहे हैं। हाल में प्रकाशित येल विश्वविद्यालय के प्रो. ग्रेइम वुड के विस्तृत लेख 'ह्वाट आईसिस रियली वान्ट्स' (द *आटलांटिक,* मार्च 2015) से इस का प्रमाणिक विवरण मिल सकता है।

इस प्रकार, गैर-अरब मुस्लिमों का सौभाग्य रहा कि हाल तक उन्हें वास्तविक, अरबी इस्लामी सिद्धांत-व्यवहार से पूर्ण परिचय नहीं था। इसीलिए वे अपने-अपने समाजों की प्राचीन ज्ञान-परंपरा, नैतिकता, संस्कृति, भाषा और मानवीय मूल्यों से जुड़े रहे थे। यह सुंदर या कड़वी सचाई स्वयं इस्लामी विद्वानों के मुँह से सुनी जा सकती

है। भारत में बीसवीं सदी के दूसरे-तीसरे दशक तक आम मुस्लिम उन्हीं सामाजिक, कानूनी, पारिवारिक रीतियों का पालन करते थे, जो दूसरे लोग यानी हिंदू भी मानते थे। यह तो अरब जाकर इस्लाम की पक्की पढ़ाई करने वाले मौलाना थे, जिन्होंने वहाँ से वापस आकर यहाँ के मुसलमानों को 'सच्चा मुसलमान' बनाने का अभियान छेड़ा। यही तबलीग आंदोलन था, जो मुसलमानों को संपूर्ण जीवन-पद्धति : भाषा, शिक्षा, संस्कृति, त्योहार, पोशाक, बाल-दाढ़ी, टीका-बिंदी, खान-पान, आदि हर चीज में हिंदुओं से अलग करने का सचेत, इस्लामी आंदोलन था।

यह सब अरब से वास्तविक इस्लाम सीख आने का नतीजा था! उसी नतीजे में देवबंदी आंदोलन ने समय के साथ अफगानिस्तान में तालिबानों को पैदा किया और समाज में सभी गैर-इस्लामी चीजों, रीतियों, चिन्हों तक को नष्ट करने का सिद्धांत-व्यवहार अपनाया। बामियान-विध्वंस तो मात्र उस का एक बाहरी, बड़ा उदाहरण था। वस्तुतः वह पूरे अफगान समाज के सांस्कृतिक, नैतिक विध्वंस का केवल एक लक्षण भर था।

निस्संदेह, यह सब पिछले चालीस-पैंतालीस में तीव्र हुआ। इस का स्रोत अरब में तेल के अकूत धन की आमद से मिली नई ताकत से उस प्रेरणा के पुनर्संगठित होने में है, जिस से सऊदी अरब के बहावियों ने पूरी दुनिया में 'सच्चे इस्लाम' का प्रसार करने की महत्वाकांक्षी नीति अपनाई। गैर-अरब मुसलमानों के बीच सांस्कृतिक-नैतिक ध्वंस आरंभ होने में इस की केंद्रीय भूमिका है। अल-कायदा बहावी इस्लाम का अंतर्राष्ट्रीय प्रसार था, जिस ने अफ्रीका से लेकर दक्षिण एसिया तक के मुस्लिम समाजों में भयंकर उथल-पुथल पैदा कर दी। उस में बेहिसाब आतंक, सामाजिक विध्वंस और हिंसा का सिलसिला ही वह सूत्र है, जो हर कहीं समान है। उसके वैचारिक, वित्तीय, सांगठनिक स्रोत भी हर कहीं अरब से जुड़े मिलते हैं।

इस प्रकार, मानवीय नैतिकता से इस्लाम का विपरीत संबंध या पूर्ण बेपरवाही जरा गंभीरता से समझने का विषय है। अपने जन्म से ही इस्लाम मुख्यतः दूसरों पर हमले, उनकी लूट, उन्हें मुसलमान बनने का 'निमंत्रण' देना और न मानने पर खत्म कर देना, तथा मुसलमानों में उस लूट के बँटवारे से जुड़ा है। सरसरी नजर से भी इस्लामी मूल किताबों के पन्ने उलटें, या मुहम्मद की विविध, आधिकारिक जीवनियाँ पढ़ें, तो उनमें सबसे अधिक स्थान इसी हमले-लूट-बाँट को दिया गया है।

इस पूरी प्रक्रिया में किसी सामान्य, मानवीय नैतिकता का कोई स्थान नहीं मिलता। न इस की कभी कहीं चिंता की गई मिलती है। यहाँ तक कि अपनी

स्त्रियों, परिवार और बच्चों के लिए भी किसी सम्मानजनक अर्थ या स्थान की कोई चिंता उस में नहीं मिलती। सब कुछ मूलतः और अंततः अल्लाह, और उस से भी अधिक पैगंबर की ताकत, इज्जत तथा उस के राज्य-विस्तार को समर्पित है। जिसकी प्रक्रिया मूलतः वही हमला, लूट और हिस्से का बँटवारा भर है। शेष सभी बातें इसी के अधीन हैं। सुन्ना यानी पैगंबर के व्यवहार से उलेमा जो खोज निकाल कर दे दें या दे सकें, वही नियम या नैतिकता है। उस से भिन्न किसी मानवीय नैतिकता, मानदंड या नैतिक, आध्यात्मिक, चारित्रिक उत्थान, आदि की कोई फिक्र इस्लाम में सिरे से ही नहीं है।

इसीलिए, मुस्लिम देशों, समाजों में अंतहीन विवाद, उत्तेजना, आक्रोश, कटु-हिंसक शब्दावली और मुख्यतः मार-काट की पद्धति का प्रचलन कोई अनायास नहीं है। न केवल गैर-मुस्लिमों से संबंध में बल्कि आपसी बर्ताव में भी वही चलन है। यह इस्लामी सिद्धांत-व्यवहार की मूल विशेषताओं से जुड़ा है। उस में कोई आम मानवीय नैतिक मानदंड बनाने की कभी चिंता ही नहीं रही है। सब कुछ सदा से बल-प्रयोग, दबाव और भय से जुड़ा माना गया है। लोग स्वभावतः कुछ स्वीकार करें, या कर सकते हैं, इस विचार का इस्लाम में पूर्ण अभाव है।

खुद उस के अल्लाह और पैगंबर को कदम-कदम पर मात्र यही शंका सताती मिलती है कि लोग उसे नहीं मानेंगे, या मानना बंद कर देंगे, या उस के निर्देशों से अलग कुछ करने लगेंगे, आदि। ऐसा न हो, इस के लिए केवल एक से बढ़कर एक विकराल दंड, भयानक त्रास और हिंसक धमकियों का ही अंबार मूल इस्लामी किताबों में भरा मिलता है। उसमें कहीं, किसी नैतिक सत्ता या भावना की लेश मात्र चिंता नहीं की गई है। जो मुस्लिम बुद्धिजीवी इस के प्रतिवाद में कुरान, हदीस की किन्हीं पंक्तियों, जैसे 'मजहब में कोई जबर्दस्ती नहीं' के सुंदर अर्थ निकाल पर पेश करते हैं, वे छिपाते हैं कि (1) उन अर्थों पर उलेमा में कभी एक राय नहीं होती, (2) मुस्लिम इतिहास का संपूर्ण वास्तविक व्यवहार उन सुंदर अर्थों के ठीक विपरीत रहा है, और इसीलिए (3) उन अर्थों को कोई जिहादी, आतंकी संगठन या इस्लामी अदालतें भी नहीं मानती।

अतः मुस्लिम समाज में नैतिकता का घोर संकट ही उस की अपनी सबसे बुनियादी समस्या है। यह संकट और समस्या इस्लाम की उत्पत्ति से ही जुड़ी हुई है। इसलिए लाइलाज भी है। मुसलमान जब तक इस्लाम की सत्ता को सर्वोच्च मूल्य मानते रहेंगे, उन के साथ यह संकट बना रहेगा। जब वे इस्लाम से ऊपर

मानवीयता को रखना आरंभ करेंगे (या जो, जहाँ, अभी भी ऐसा रखते हैं), तभी उनके बीच नैतिक मूल्य प्रतिष्ठित होंगे (या प्रतिष्ठित मिलते हैं)। यानी ऐसे मूल्य, जिन का पालन लोग बिना किसी भय के, स्वभावतः और प्रसन्नता पूर्वक करें।

इसे इस्लाम से पहले के अरब समाज की झलक से भी समझा जा सकता है। चूँकि उस के विवरण प्रायः पूर्णतः नष्ट कर दिए गए, इसलिए अपवाद-स्वरूप ही कहीं कुछ जानकारी मिलती है। पड़ोस के अफगानिस्तान में भी सौ साल पहले के समाज से हाल की स्थितियों की तुलना से दिख जाता है कि इस्लामी सत्ता का आम नैतिक, सांस्कृतिक विध्वंस से कितना सीधा संबंध है। खालिद हुसैनी के विश्व-विख्यात उपन्यास 'काइट रनर' से तुलनात्मक झलक मिल सकती है। उस में एक स्वाभिमानी, निर्भीक और बुजुर्ग पात्र बाबा कहता भी है कि 'यदि कभी मौलाना लोग सत्ताधारी हो गए, वह अफगानिस्तान के लिए भारी दुर्भाग्य होगा'। तालिबानी शासन वही हुआ।

किसी भय, दंड या धमकी के बिना किन्हीं आम नियमों का सम्मान करना ही किसी समाज में नैतिकता का आधार होता है। जिसे लोग सहजता से स्वीकार करते हैं, तथा जिस के उल्लंघन पर किसी को कोई शारीरिक दंड नहीं दिया जाता। बल्कि लोग केवल उसे अज्ञानी, पोच या क्षुद्र मानते हैं। उसे सिखाते हैं या उस से बचते हैं। इस तरह, नजरों की ताकत और सामाजिक सदभाव से नैतिकता चलती है। वह ऐसे प्राकृतिक नियम होते हैं जिस से लोग तय करते हैं कि क्या उचित है तथा क्या अनुचित। ऐसी मान्यताएं ही नैतिकता है, जिसका किसी धर्म-मजहब, राज्य-व्यवस्था या दंड-भय, आदि से कोई संबंध नहीं होता। तभी वह मानवीय, टिकाऊ और इसीलिए प्रायः सार्वभौमिक भी होता है।

यह नैतिक सत्ता सौ साल पहले पेशावर और काबुल में काफी हद तक मौजूद थी। यही इस्लाम से पहले के अरब समाज में भी थी। इस्लाम ने इसे बदल कर सब कुछ को अपने दिए गए मुहम्मदी नियमों और तलवार के भय के अधीन कर दिया। यही नहीं, तलवार की सत्ता को दैवी अनुशंसा के रूप में स्थापित कर दिया। इस्लाम को मानने और न मानने को ही मनुष्य समाज का एक मात्र विभाजक आधार घोषित किया। न मानने वालों को मार डालने का सीधा और दैवी सिद्धांत दिया।

तलवार को समाज में हर चीज तय करने का औजार बनाकर इस्लाम ने मनुष्यों को बर्बर, जंगल युग में वापस पहुँचा दिया। इस्लामी वर्चस्व में उन्हें

अपने विवेक-बुद्धि से कुछ भी उचित-अनुचित तय करने की स्वतंत्रता छीन ली गई। यह मानवता के लिए अभिशाप है।

अरब के स्कूलों में प्राइमरी कक्षा के बच्चे मुहम्मद की जीवनी पढ़ते हैं और शिक्षक उन्हें पढ़ाते हैं। बड़ी सहजता से, "पैगंबर मुहम्मद ने यहूदी स्त्री साफिया से उसी दिन शादी कर ली जिस दिन उसका पति, भाई और पिता मार डाले गये।" बिना इस पर कोई विचार किए कि ऐसी शादी में कैसी नैतिकता और क्या औचित्य है! मगर मुस्लिमों में यह विश्वास कूट-कूट कर, और तलवार की नोक पर, भरा गया है कि मुहम्मद ने जो भी किया, वह अल्लाह के कहने से किया। और उन्हीं का व्यवहार मुसलमानों का आदर्श और कानून है। वही आज भी अनुकरणीय है।

मुहम्मद के वैसे कामों, लड़ाइयों, झुंड के झुंड कबीलों, समुदायों को खत्म कर डालने, शंका करने वालों की गर्दन उड़ा देना, आदि विवरणों को फख्र से पढ़ाते हुए कभी इस पर विचार नहीं किया जाता कि उस में कौन सा उद्देश्य है? अल्लाह ने मुहम्मद को कौन सा दायित्व सौंपा था? लोगों को अल्लाह और मुहम्मद का अनुयायी बनाना तो एक बात हुई। मगर उससे मनुष्य समाज को क्या मिला, मनुष्यता को कौन सी उपलब्धि मिली?

इस्लामी विचारकों के लिए यह सवाल ही अनर्गल है। वे मानकर चलते हैं कि अल्लाह और मुहम्मद की सत्ता कायम करना ही अपने आप में अंतिम लक्ष्य है। इस पूरे कथानक, दर्शन और विचारधारा में नैतिकता का, किसी अन्य उपलब्धि का कोई प्रश्न ही नहीं उठता!

इसीलिए इस्लामी स्टेट, अल कायदा, तालिबान आदि के कार्यों में कुछ भी गैर-इस्लामी नहीं है। कुछ इस्लामी विद्वान केवल यह बयान देते हैं कि इन संगठनों ने इस्लाम की सीख को नहीं समझा है। मगर क्या इन संगठनों ने मुहम्मद की जीवनी के उन विवरणों को भी गलत समझा, जिस में कहा गया है कि मुहम्मद के साथियों ने काब बिन अल-अशरफ की गर्दन काट कर मुहम्मद को भेंट की? क्या उन्होंने उस कारनामे को नहीं समझा जिसमें मुहम्मद के अनुयायियों ने सौ वर्षीया कवियित्री उम्म किरफा की दोनों टाँग को दो ऊँटों से बाँध कर, उन्हें विपरीत दिशाओं में हाँक कर, कवियित्री के टुकड़े-टुकड़े कर डाले? अरब में मुसलमानों को ऐसी हत्याओं पर गर्व करना सिखाया जाता है, जो मुहम्मद के प्रति उनके अनुयायियों की वफादारी का उदाहरण मानी जाती है। अल बगदादी या बिन लादेन या किसी भी मुसलमान के लिए इन विवरणों में नहीं समझने के लिए क्या है?

एक अरब कहावत है: तुम किसी आदमी को कीचड़ से निकाल सकते हो, मगर जिस आदमी में अंदर कीचड़ भरी हुई हो उसे निकालना नामुमकिन है। इस्लामी विश्व, विशेषकर अरब में लोगों में इसी तरह की वैचारिक कीचड़ भरी हुई है। यह उनका नैतिक संकट है। वे अपनी गलती, मूढ़ता समझने तक की स्थिति में नहीं हैं। यह सब इसलिए है क्योंकि वे बचपन से ही इस्लामी किताबों से ही मुख्य शिक्षा पाते हैं। और लोग अपनी शिक्षा से ही जो भी बनते हैं।

यही कारण है कि आतंकवाद के विरुद्ध अमेरिकी लड़ाई विफल होती रही है। वे ईराक या यमन में जन-संहारक हथियार खोजने, नष्ट करने जाते हैं। उन्हें वह नहीं मिलता, तो इसलिए नहीं कि वे मौजूद नहीं। बल्कि इसलिए क्योंकि उन्हें नहीं मालूम कि वह कहाँ छिपे हुए हैं। यदि वे अरबी देशों में स्कूली किताबें खोल कर पन्ने-दर-पन्ने, किताब-दर-किताब, उन्हें ध्यान से पढ़ना शुरू करें—तब उन्हें समझ में आएगा कि मानवता का संहार करने की सामर्थ्य रखने वाले हथियारों का विशाल जखीरा वही किताबें हैं! वफा सुलतान के अनुसार, "मुसलमानों में आतंकी मानसिकता पैदा करने वाले स्कूल पूरी पृथ्वी पर मौजूद किसी भी हथियार फैक्टरी से अधिक खतरनाक हैं।"

वफा यह भी कहती हैं कि कोई अमेरिकी, यूरोपीय नागरिक उस सचाई को पूरी तरह नहीं समझ सकता, जिसे वह बयान कर रही हैं। वे नागरिक मुस्लिम दुनिया में नहीं रहते। इसलिए उन्हें उस नैतिक विघटन का कोई अंदाजा नहीं है जो इन समाजों के जीवन के हर पक्ष को प्रभावित करता रहता है। इन समाजों में लोग अपनी किसी गलती को महसूस करने में भी असमर्थ हैं। वे इसे अंतिम सत्य मानकर चलते हैं कि नमाज पढ़ने, रोजा रखने और कुरान पढ़ने के सिवा उन की कोई जिम्मेदारी नहीं। यह उन्हें इस्लाम ने ही सिखाया है। उसी इस्लाम ने, जिस में एक मात्र ईनाम या उपलब्धि केवल जन्नत है। उसके सिवा अपने लिए कोई लक्ष्य खोजना वृथा है।

ठीक इसीलिए, कोई भी मुस्लिम शासक या नेता, यदि वे तीन काम (नमाज-रोजा-कुरान पढ़ना) करता है, तो वह अपने किसी भी दूसरे कार्यों—लूट, भष्टाचार, हिंसा, बलात्कार, जन-संहार, क्रूरतम तानाशाही, आदि—के लिए जबावदेह नहीं माना जाता। वह सब जो है, अल्लाह की मर्जी है, या दुश्मनों की बदमाशी या दुष्प्रचार है। मुस्लिम जनता और शासक प्रायः यही मानते हैं। इस विचित्र, पर नैतिक रूप से भयावह सचाई को पूरे अरब और मुस्लिम देशों, समाजों में देखा जा सकता है। सद्दाम हुसैन हो या खुमैनी, बिन लादेन या

बगदादी—उन में किसी की निंदा यदि कोई करता है, तो मात्र दूसरे फिरके का मुसलमान। उस के अपने फिरके के मुसलमान उसे 'महान' या 'शहीद' मानते हैं। इस के सिवा कुछ नहीं।

मुस्लिम समाज में इस घोर नैतिकता संकट को पहचाने बिना स्थिति को समझना असंभव है। मुसलमान अपनी कोई गलती नहीं मानते। यदि कुछ मानते हैं तो यही कि इस्लाम के उसूल, मुहम्मद के आदेश, आदि को पूरी तरह लागू नहीं कर रहे। अल्लामा इकबाल की मशहूर किताब 'शिकवा' और 'जबावे शिकवा' (1909) से इसकी झलक मिल सकती है। यह तो एक गैर-अरब मुस्लिम विद्वान की रचना है। फिर भी, संक्षेप में उस नैतिक खालीपन को पूरी तरह दिखाने में समर्थ है, जिस से संपूर्ण मुस्लिम जगत स्थाई रूप से ग्रस्त है।

इस ने जो सामाजिक, मानसिक विध्वंस किया है, वह ठीक से समझने और स्वयं जाँचने-परखने की बात है।

इस्लाम के बाद दुनिया

उपर्युक्त तथ्यों के आलोक में कहा जा सकता है कि इस्लाम एक दुर्बल, हानिकारक मतवाद है। इस के आधार कृत्रिम हैं, जिन्हें बल-पूर्वक बनाए रखना सदा के लिए संभव नहीं। इसलिए यह भी एक बड़ा और स्पष्ट सच है कि दुनिया इस्लाम के बाद भी रहेगी। संभवतः और अच्छी तरह से रहेगी। मुसलमान जब इस्लाम से मुक्त हो जाएंगे, तो उस से किसी की कोई हानि नहीं होगी। कुछ लाभ ही होगा। कम से कम यह कि हर चीज में तलवार चलाने की धमकी देने वाला एक मतवाद इतिहास की वस्तु हो जाएगा।

अतः मानवता को यह कहने का पूरा अधिकार है कि मुसलमान मानवीय दुनिया में वापस आएं। जहाँ कोई बात जोर-जबर्दस्ती नहीं, अपने अंतर्निहित मूल्य और लाभ के कारण स्वीकार की जाती है। जहाँ उसे स्वीकार करना या न करना, दोनों को समान सहजता से लिया जाता है।

कहने की आवश्यकता नहीं कि, इस के बावजूद जो भी मुस्लिम अपने रीति-रिवाजों, विश्वासों से जुड़े रहना चाहते हैं, उन्हें भी अपने विचार और कार्य के लिए उतनी ही स्वतंत्रता है। केवल कम्युनिस्टों ने ही अपने-अपने शासन वाले देशों में धर्म-विश्वासों को जबरन खत्म करने का उपाय या प्रयास किया था। भारत, इंग्लैंड या अमेरिका जैसे लोकतांत्रिक, गैर-मुस्लिम समाजों, देशों ने ऐसा कभी नहीं किया। इस्लामी प्रतिनिधियों को इस सचाई का आदर करना

चाहिए। दिल्ली के ईमाम बुखारी ने कहा भी था (नवंबर 2006) कि "भारत सेक्यूलर केवल इसलिए है क्योंकि हिंदू बहुमत में हैं, न कि किसी कथित सेक्यूलर पार्टी या नेताओं के कारण।"

अतः जब भारत में यह कहा जाता है कि मुस्लिमों को इस्लाम से मुक्त होना चाहिए तो इस में किसी जबर, दबाव या प्रतिबंध जैसी बात ही नहीं है। हिंदुओं की राज्य-व्यवस्था स्वभाव से ही सदैव सेक्यूलर रही है, इसलिए जो मुसलमान इस्लाम को मानते रहना चाहें, वे इस के लिए स्वतंत्र हैं। उन्हें इस्लाम से छुटकारा लेने की सलाह वैसी ही है, जैसे अभी ईरानी सैनिक जेनरल ने बराक ओबामा और डेविड कैमरून को इस्लाम में धर्मांतरित होने के लिए कहा।

फिर, इस्लाम से मुक्त होने की सलाह में उसकी हर चीज से मुक्त होने की बात नहीं है। मुसलमानों द्वारा काबा के रूपहीन पत्थर, जिसे कुछ अन्य विश्वासी शिव-लिंग भी मानते हैं, की तीर्थयात्रा करते रहने में, प्रार्थना या नमाज पढ़ने में, गरीबों को दान देने में, आदि चीजें छोड़ने की जरूरत भी नहीं है। हाँ, जब मुसलमानों पर किसी मजहबी-विचलन पर शरीयत के हिंसक दंड का भय नहीं रहेगा, तो ये रिवाज भी और अधिक सहज रूप से विकसित होंगे। इन रीतियों की भी वर्तमान जड़, इस्लामी कानूनी बंदिशों से मुक्ति हो जाएगी। तब मुसलमान दूसरों द्वारा यरूशलम, काशी या अयोध्या की तीर्थयात्राओं को भी उसी सम्मान से देख सकेंगे। साथ ही, अभी उन के रोजे और रमजान का जो विचित्र अंदाज है: दिन में कथित उपवास कर शाम से सुबह होने तक कुछ ज्यादा भी खा लेना, यह अधिक स्वस्थकर रूप ले सकेगा।

इसलिए समस्या किसी के धार्मिक रीति-रिवाज, प्रार्थना, उपवास, तीर्थ, आदि से है ही नहीं। समस्या किसी अल्लाह की उपासना में भी नहीं है। बल्कि मुहम्मद को एक-मात्र पैगंबर और उन की बातों को स्थाई, सार्वभौमिक, सार्वकालिक कानून मानने और मनवाने में है। सारी जिहादी हिंसा का स्रोत इसी विचार में है। इस मोटी सचाई को नजर मिलाकर न देखना अज्ञान, कायरता या कूटनीति के सिवा और कुछ भी नहीं।

यहाँ यह उल्लेख जरूरी है कि असंख्य मुसलमानों के लिए मुहम्मद एक आदर्श पुरुष हैं। चाहे उन्होंने मुहम्मद के बारे में कुछ विशेष जानने की कोशिश की हो या नहीं, वे विश्वास करते हैं कि मुहम्मद एक महान और आदर्श नायक थे। बस। कुछ-कुछ वैसे ही जैसे तीस साल पहले तक पूरी दुनिया के बच्चों को सोवियत प्रेस द्वारा सैकड़ों तरह के संस्करणों में छपी लेनिन की सरल, सचित्र जीवनियाँ पढ़ने को मिलती थीं। उस में व्लादीमीर इल्यीच (लेनिन) की

मनमोहक छवि वर्णित रहती थी। कम्युनिस्ट प्रचारक उस छवि से शुरू कर अपना कम्युनिस्ट मतवाद बड़ी कुशलता से जमाने, फैलाने की कोशिश करते थे। उस आदर्श कथा में लेनिन अपने कट्टर, जिद्दी, संदेही, संकीर्ण, झगड़ालू, नितांत आत्मकेंद्रित, मित्र-विहीन, अकेले, किताबी कीड़े वाले वास्तविक रूप से बदल कर अद्‌भुत सम्मोहक, उदार, दूरदर्शी, जैसे दिखाए जाते थे। यह सब बढ़ते-बढ़ते यहाँ तक पहुँच गया कि प्रतिष्ठित इतिहासकारों ने भी लिख डाला, 'रूस में घटनाएं ऐसे घट रही थीं मानो लेनिन के आदेश पर घट रही हों!'

कुछ उसी प्रकार, मुसलमानों का बहुत बड़ा वर्ग यदि मुहम्मद की वैसी ही आदर्श छवि में विश्वास करता हो, तो यह समझा जा सकता है। यह एक साहित्यिक, काल्पनिक मुहम्मद हैं, जिन से हमें कोई समस्या नहीं हो सकती। उन का यह रूप लंबे समय तक बना रहेगा। बना रहे।

फिर, एक ऐतिहासिक मुहम्मद रहेंगे, जिन से सहानुभूति रखी जा सकेगी। लेकिन उस एकांतिक, स्थाई, विवादी नारे से हमें छुटकारा लेना ही होगा जिस में 'मोमिन बनाम काफिर' यानी मुहम्मद समेत मुस्लिमों के सदैव निर्दोष, भले, सही होने तथा मुहम्मद के समकालीन विरोधियों से लेकर आज तक सदैव गैर मुस्लिमों के दोषी, दुष्ट, गलत होने की विचारधारा जमी हुई है। जैसे, 'सोवियत समाजवाद बनाम साम्राज्यवादी पूँजीवाद' की लगभग आठ दशकों तक बनाए रखी गई। समय के साथ इस्लाम की यह जिद खत्म होगी ही। तब यह सहज समझा जाएगा कि मुहम्मद और उनके विरोधी, दोनों ही मनुष्य थे। इसलिए अच्छे-बुरे दोनों गुण-अवगुण उनमें भी रहे होंगे। जैसे आज भी मुस्लिमों और गैर-मुस्लिमों, दोनों में अच्छाई-बुराई दोनों दिखाई पड़ती है। किसी का केवल गुण या केवल अवगुण पर एकाधिकार नहीं है, न इस का दावा किया जा सकता है।

मुहम्मद का एक तीसरा रूप पैगंबर का है। जिस में उनके अनुयायियों द्वारा छापेमारियाँ, लूट, अपहरण, बलात्कार, गुलाम बनाना, बच्चियों से समागम, चुने हुए व्यक्तियों की हत्याएं, सामूहिक संहार, आदि के प्रमाणिक विवरण स्वयं इस्लामी स्रोतों में से दर्ज हैं। (विस्तार के लिए देखें, बिन्त अल-शाती की पुस्तक *वाइव्स ऑफ मुहम्मद* (2006)। यह सब इतिहास की बीती बातें मानकर भुलाई जा सकती हैं, क्योंकि कर्ता और पीड़ित दोनों को गुजरे सदियाँ गुजर चुकी हैं।

समस्या तब पैदा होती है जब उन कारनामों और शब्दों को आज के लिए भी उत्कृष्ट मॉडल बताया जाता है, और अनुकरण करने के उद्देश्य से उनका

कानूनीकरण, आदर्शीकरण किया जाता है। तब हमारा कर्तव्य है कि उन व्यवहारों की जाँच करें, स्वयं देखें और दुनिया को दिखाएं कि वे विचार और व्यवहार मानवीयता और नैतिकता, दोनों ही कसौटियों पर विफल साबित होते हैं। कि उन में कोई आदर्श नहीं, बल्कि विकृतियाँ ही हैं। यदि वैसे कार्य कोई करता है, तो व्यवहार में सामान्य मुस्लिम भी उसे उचित नहीं मानते।

अतः मुस्लिमों के समक्ष सचमुच विकट चुनाव उपस्थित होता है: किसे चुनें? सामान्य मानवीय व्यवहार या मुहम्मद का व्यवहार? किसे अनुकरणीय मानें? यह बेहद संकटपूर्ण दुविधा है, जिस का समाधान उन्हें आज नहीं तो कल करना ही होगा। सहज मानवीय व्यवहार को उचित मानने में यह उत्तर निहित है कि मुहम्मद का व्यवहार गलत था। लेकिन यह दुविधा तभी तक है कि जब तक कि उन्हें अल्लाह का एकमात्र, चुना हुआ संदेशवाहक मानने का विश्वास है। जैसे ही कोई मुस्लिम उस बुनियादी इस्लामी जड़-विश्वास से मुक्त होता है, कि मुहम्मद ही एक मात्र सच्चे ईश्वरीय संदेशवाहक थे, तब यह दुविधा का बोझ सिर से उतर जाता है। इतिहास की अनेकानेक घटनाओं, दौरों की तरह मुहम्मदी दौर को भी एक बीती बात मान कर, वह खुल कर, स्वतंत्रतापूर्वक आगे देख सकेगा।

इस्लाम छोड़ने के लाभ

एक मौत का अंदेशा छोड़, जो इस्लाम छोड़ने वालों के लिए इस्लामी-कानून है, इस्लाम से मुक्त होने में कोई हानि नहीं है। केवल लाभ ही लाभ है। व्यक्ति को भी, मानवता को भी।

सर्वप्रथम यही विचारणीय है कि ऐसे मजहब और दर्शन का स्वयं कितना मूल्य है जो लोगों को बंदी बनाकर, धमका कर, अपने घेरे में रखने के सिवा कोई उपाय नहीं जानता! यह तो स्वयंसिद्ध इश्तिहार है कि इस्लाम का आध्यात्म, नैतिकता, उच्च-विचार, आदि से कोई संबंध नहीं। कि यह मूलतः और अंततः केवल राजनीतिक मतवाद है, जो जोर-जबर्दस्ती और प्रलोभन देकर अपनी सत्ता बनाने, फैलाने और बनाए रखने के अतिरिक्त किसी बात में दिलचस्पी नहीं रखता।

यदि बिना जोर-जबरदस्ती इस्लाम को बचाए रखना मुश्किल है, तो इसका विदा हो जाना ही अच्छा है। यह इस से भी प्रमाणित होता है कि हिंदू या बौद्ध धर्म बिना किसी को धमकी दिए, या हिंदू धर्म छोड़ने वालों को बिना जबरन

रोके भी, स्वतः, अपने अंतर्निहित मूल्य के बल पर, हजारों वर्षों से, न केवल बने रहे, बल्कि ज्ञान-विज्ञान, साहित्य, चरित्र, नैतिकता, आदि क्षेत्रों में दुनिया को बहुमूल्य योगदान देते रहे। उपनिषद के श्लोक आज भी उतने ही तरोताजा, आकर्षक और मूल्यवान लगते हैं। उन की उपादेयता, सौंदर्य और महानता किसी को भी स्वयंसिद्ध दिखती है। जिसे मनवाने के लिए कोई जोर लगाने की जरूरत ही नहीं!

इस के विपरीत, तलवार के घमंड के बावजूद, इस्लाम को अपनी वैचारिक दुर्बलता की इतनी गहरी अनुभूति है कि बिना मौत का सीधा डर दिखाए वह अपने अनुयायियों के भी इस्लाम में बने रहने के प्रति आश्वस्त नहीं है। तभी तो इस्लामी नेता किसी भी बात पर उन का सिर काटने की ही धमकी देते रहते हैं। जैसे, अभी जमाते हिंद इस्लाम के मुफ्ती इलियास को दी।

क्योंकि इलियास ने कहा भारतीय लोग शिव-पार्वती को आदि-पिता और आदि-माता मानते हैं। यानी जिसे अरब, यूरोपीय समझ में आदम-हव्वा कहा जाता है, उसी को यहाँ शिव-पार्वती कहते हैं। तब भारतीय होने के कारण यहाँ के मुसलमानों के लिए भी शिव-पार्वती सबसे प्रारंभिक पिता-माता माने जा सकते हैं। बस, यह कहने के लिए ऑल इंडिया फैजाने मदीना काउंसिल के अध्यक्ष मोईन सिद्दीकी नूरी ने इलियास का सिर काट डालने वाले के लिए एक लाख रुपए के ईनाम का एलान कर दिया।

ऐसे हिंसक कामों और धमकियों के सिवा इस्लामी नेताओं, आलिमों, ईमामों, आदि के पास कोई और तरीका न होना इस्लाम का वैचारिक दिवालियापन ही दिखाता है। इलियास ने इस्लाम पर कोई टिप्पणी नहीं की, बल्कि एक गैर-इस्लामी शब्द और एक गैर-इस्लामी मान्यता पर अपनी राय दी। उसे इस्लामी मतवाद से भिन्न मानकर, उन्हें मार डालने का आहवान कर डाला गया।

इस से यह भी दिखता है कि दुनिया के मुसलमान अपने मजहब के रजिस्टर्ड कैदी हैं! इस्लाम एक जेल है, जिस में उन्हें जेल के नियमों से रहना होगा। जहाँ वे अपनी समझ से कुछ कह भी नहीं सकते। उस जेल को छोड़ भी नहीं सकते, वरना उन्हें मार डाला जाएगा। ठीक उसी तरह, जैसे, जेल से भागने की कोशिश करने वाले को चहारदीवारी की रक्षा करने वाले सिपाही गोली मार डालते हैं।

इस से बढ़कर इस्लामी मतवाद की अनुपयोगिता, निरर्थकता का और क्या प्रमाण होगा! इस बुनियादी सच के मद्देनजर, हरेक मुसलमान इस्लाम का कैदी

ही है, और उसे मुक्त होना, उसे मुक्त कराना मानवता का फर्ज बनता है।

मगर मानवता किसी कैद को हमेशा स्वीकार नहीं किए रहेगी। जैसे चर्च की सदियों पुरानी जोर-जबर्दस्ती ईसाई जनता ने अंततः अस्वीकार कर दी, उसी तरह इस्लामी मौत के फतवों और शरीयत के मध्ययुगीन नियमों को भी छोड़ा ही जाएगा।

इस की शुरुआत तो बीसवीं सदी में तुर्की के महान नेता अतातुर्क कमाल पाशा ने कर ही दी थी। खलीफत को उखाड़ फेंकते हुए (सन् 1924) उन्होंने इस्लाम को बेकार और मृत घोषित किया था, जिस के बोझ के कारण ही तुर्की की प्रगति अवरुद्ध रही। यह अतातुर्क की देन है कि आज संपूर्ण मुस्लिम विश्व में केवल तुर्की में ही लोकतंत्र और प्रगति है।

इस्लाम को खारिज करने की वह प्रक्रिया बाद में रुक गई। लेकिन इस से यह तथ्य नहीं मिटता कि सौ साल पहले सबसे अग्रणी मुस्लिम समाज ने इस्लाम से मुक्त हो जाना जरूरी समझा था। उसके लोकप्रिय नेता ने उसे अंजाम भी दिया था। उस से तुर्की की जनता को लाभ हुआ, यह भी साफ देखा जा सकता है।

अतातुर्क कमाल पाशा द्वारा आरंभ किया गया काम फिर शुरू हो सकता है, बल्कि होगा ही। वैसे भी, कोई समुदाय, जातियाँ, नस्लें सदा से मुस्लिम नहीं थी। अरब से लेकर ईरान, एशिया तक हर कहीं यह एक जैसा सच है। स्वयं इस्लामी विवरणों में यह मोटे-मोटे अक्षरों में लिखा हुआ है कि कहीं भी लोगों ने स्वेच्छा से इस्लाम नहीं कबूला। समूह के समूह 'इस्लाम या मौत' के घोषित विकल्प के कारण ही मुसलमान बने।

वह जबर्दस्ती मुसलमानों पर आज भी लागू है। वे इस्लाम छोड़ नहीं सकते, नहीं तो उन्हें मार डाला जाएगा। उस के विचारों की आलोचना भी नहीं कर सकते, किन्हीं दूसरी बातों पर भी अपने विवेक से राय नहीं दे सकते! ऐसे दिवालिया मजहब और मतवाद की सचाई मुसलमानों को खुल कर बताने की जरूरत है। इस के बाद वे स्वतः बड़े पैमाने पर इस्लाम से मुक्त होने लगेंगे।

कैद तो जानवरों, पंछियों को भी अच्छी नहीं लगती। मुसलमान अपनी मनुष्यता में लौटेंगे। वे हमेशा इस्लाम के बंदी नहीं रहेंगे।

कोएनराड के अनुसार यदि भारत के सेक्यूलरवादी केवल हिंदू-निंदा में न लगे होते, तो अब तक इस मोर्चे पर काफी प्रगति हो चुकी होती। मगर वे तो हिंदू धर्म का नाश करने, उसे नष्टनीय बताने में ही सारी बुद्धि खर्च करते रहे हैं। भारत की कोई सामाजिक समस्या हो, वामपंथी और सेक्यूलरवादी लेखक,

प्रोफेसर किसी न किसी प्रकार हिंदू धर्म को उस का एक कारण जरूर बताते हैं। इस के लिए ईसाई मिशनरियों द्वारा कराए जा रहे धर्मांतरण को भी खुला समर्थन देते हैं। कि हिंदू धर्म और ब्राह्मणों ने अत्याचार किए, जिससे पीड़ित हिंदुओं को ईसाई बन जाने का पूरा अधिकार है, आदि।

ऐसे हिंदू-विरोधी उत्साह का दसांश भी उन सेक्यूलर-लिबरल प्रोफेसरों ने इस्लामी सिद्धांत, व्यवहार, इतिहास, परंपरा का आलोचनात्मक मूल्यांकन करने में लगाया होता—तो आज भारत के मुस्लिमों के बीच एक स्वस्थ, स्वतंत्रबुद्धि तबका संभवतः तैयार हो चुका होता। जो इस्लामी जड़-सूत्रों की उसी तरह हँसी उड़ाता, जैसे यूरोप में आम बुद्धिजीवी ईसाइयत की उड़ाता है। वह चर्च-ईसाइयत की जकड़ से मुक्त हो चुका है। यह इस्लाम में भी हो सके, तो गलत क्या है? बल्कि वही अपेक्षित है।

श्रीअरविन्द ने आठ दशक पहले कहा था,

> "तुम ऐसे मजहब के साथ सौहार्द से रह सकते हो जिसका सिद्धांत सहिष्णुता है। किंतु ऐसे मजहब के साथ शांति से रहना कैसे संभव है जिस का सिद्धांत है 'मैं तुम्हें बर्दाश्त नहीं करूँगा?' तुम ऐसे लोगों के साथ एकता कैसे बनाओगे? निश्चय ही, हिंदू-मुस्लिम एकता ऐसे नहीं बन सकती कि मुस्लिम तो हिंदुओं को धर्मांतरित कराते रहें जबकि हिंदू किसी भी मुस्लिम को धर्मांतरित न करें।... संभवतः मुसलमानों को हानिरहित बनाने का एक ही रास्ता है कि उन का अपने मजहब में कट्टर विश्वास कम कराया जाए।"

इस पर ध्यान न देकर भारतीय नेताओं और सेक्यूलरवादियों ने उलटे हिंदू धर्म और इस्लाम के बीच पक्षपात किया। यदि ऐसा न किया गया होता, और इस्लामी कुरीतियों, जड़सूत्रों, अंधविश्वासों की वैसी ही खुली आलोचना की जाती रही होती, जैसी कुछ हिंदू कुरीतियों की होती रही है, तो आज समस्या इतनी विकट न रही होती। भारतीय संविधान में जोड़ी गई 'वैज्ञानिक दृष्टि' (साइंटिफिक टेंपर) की सीख की जरूरत सबसे ज्यादा मुस्लिम युवकों को है। लेकिन उन्हें इस के लिए प्रेरित करने के बजाए उलटे कृत्रिम बाधाएं खड़ी की जाती रही हैं।

फ्रांसीसी विद्वान अर्नेस्ट रेनाँ ने भी कहा था, "इस्लाम द्वारा पहले पीड़ित स्वयं मुस्लिम ही हैं। प्राच्य देशों में घूमते हुए मैंने प्रायः देखा कि बहुत थोड़े खतरनाक लोगों में वह जिद्दी कट्टरता है जो औरों को डरा-धमका कर मजहबी व्यवहार कायम रखते हैं। मुस्लिमों को उनके मजहब के आतंक से मुक्त कराना

ही उन की सब से बड़ी सेवा हो सकती है।" विविध विद्वानों, ज्ञानियों की ऐसी बातों, अवलोकनों की लंबी श्रृंखला दी जा सकती है। उन में अनेक मुसलमान भी हैं।

पाकिस्तान के प्रधानमंत्री जुल्फिकार अली भुट्टो ने अपनी पहली शादी की करुण कथा सुनाते हुए ओरियाना फलासी को बताया था, "मैं अपने और अपने मजहब पर शर्मिंदा हूँ। बहुपत्नी प्रथा बेहद घृणित चीज है। कोई मजहब इतना दमनकारी नहीं जितना मेरा मजहब है।" इसलिए, मुसलमानों को वैसे मजहब से मुक्त कराने की बात को मानवीय भावना से प्रेरित सहानुभूति पूर्ण कदम समझना चाहिए।

यहाँ डॉ. वफा सुलतान की एक सलाह भी विचारणीय है, जो मुस्लिम विश्व की दुर्दशा का मूल कारण और उसके निदान, दोनों समझने के लिए अपरिहार्य है। वह अपने दीर्घ अनुभव और अवलोकन से कहती हैं, "यदि विद्वान मुस्लिम उस घृणा की भारी मात्रा को हमारी स्कूली किताबों, मजहबी और गैर-मजहबी दोनों प्रकार की किताबों, से निकाल कर फेंक सकें और उसके बदले ऐसे पाठ ला सकें जो दूसरे लोगों को बिना उन के धर्म, नस्ल या राष्ट्रीयता की परवाह किए प्यार करने पर केंद्रित हों—तो वे पूरे मुस्लिम विश्व को उसके पिछड़ेपन, भूख, गरीबी और जहालत से निकाल कर बचाने में सहायक होंगे। वह घृणा हमारे 'दुश्मनों' को खत्म करने से पहले शायद हमीं को खत्म कर देगी। क्योंकि घृणा ऐसे एसिड की तरह है, जो उस बर्तन को अधिक हानि पहुँचाता है, जिस में वह रखा होता है।" क्या यह आइने की तरह साफ-साफ नहीं दिखाता कि मुस्लिम दुनिया अपनी हिंसक विचारधारा की कैदी है?

दूसरी ओर, यदि 'हरेक मुसलमान इस्लाम का कैदी है' को गलत साबित करना हो, तो इस का एक ही तरीका है कि इस्लाम छोड़ने वालों के लिए मौत का कानून सारी दुनिया के उलेमा, विधिवत, घोषणा करके, खारिज करें। तदनुरूप अखबारों में आधिकारिक इस्लामी ईमामों, आदि की विज्ञप्तियाँ छपें और टेलीविजन चैनलों पर औपचारिक बयान जारी हों, जिस में कहा जाए कि जो भी मुसलमान इस्लाम छोड़ना चाहे, वे बिना डर छोड़ सकते हैं। उन्हें मारा नहीं जाएगा।

यदि ईमाम, उलेमा, आदि अधिकारीगण ऐसा करना न स्वीकार करें, तब मुसलमानों के इस्लाम के कैदी होने और स्वयं इस्लाम के वैचारिक रूप से बिलुकल कमजोर होने में क्या संदेह बच रहता है?

कुछ लोग सामाजिक, सांस्कृतिक जरूरतों का तर्क भी दे सकते हैं। कि

इस्लाम छोड़ने वाला शायद अपने को अकेला, समाजहीन पाए। किन्तु पहली बात, ऐसा जब होगा तो इक्का-दुक्का नहीं, बल्कि झुंड में ही होगा। जैसे सोवियत संघ के विघटन के बाद बड़ी संख्या में लोग कम्युनिस्ट पार्टियों से अलग हुए। (कम्युनिज्म से इस्लाम की तुलना में कोई बेतुकी बात नहीं। स्वयं इस्लाम अपने को दीन-दौला, राजनीति-संपृक्त, कानून, दंड आदि से लैस पूरी राजनीतिक विचारधारा कहता है। वह केवल, बल्कि मूलतः ईश्वरीय विषय है ही नहीं।) अतः इस्लाम छोड़ना उसी तरह समूह में होगा, जैसे उस में जुड़ना हुआ था। यह ऐतिहासिक तथ्य है कि छल-बल-दबाव-प्रलोभन आदि जिन भी तरीकों से, मगर प्रायः इलाके के इलाके इस्लाम में धर्मांतरित हुए थे। अभी भी बोको हराम वैसे ही सामूहिक धर्मांतरण करवा रहा है। अतः इस्लाम छोड़ने वाला समाजविहीन हो जाएगा, यह शंका निराधार है।

यह यूरोप में ईसाइयत के उदाहरण से भी देखा जा सकता है। जब लोग ईसाइयत से उदासीन होने लगे, तो यह व्यक्तिगत नहीं रह गया। जल्द ही यह सामाजिक चलन में बदल गया। जैसे पहले यूरोपीय नागरिक अपने पड़ोसियों, जान-पहचान वालों, बड़े लोगों, आदि की देखा-देखी हर रविवार चर्च जाया करते थे (यह भारत के मेघालय, नागालैंड में आज भी देख सकते हैं), वैसे ही बीसवीं सदी में धीरे-धीरे चर्च न जाने, ईसाइयत की बुनियादी मान्यताओं को अस्वीकार करने, उन पर हँसने, खिल्ली उड़ाने का भी फैशन चल पड़ा। जब परिवार में बच्चे, युवा ऐसा करने लगे, तो बड़े-बुजुर्गों को भी महसूस हुआ कि चर्च-ईसाइयत के अनेक बीज-विश्वासों को गंभीर सत्य मानना उन का अंधविश्वास ही था। इस्लाम के साथ तो यह और भी तेजी से होगा। क्योंकि भय अथवा/और प्रलोभन छोड़ कर उस में जुड़ने या जुड़े रहने का कोई कारण न चौदह सदी पहले था, न ही आज है। पूरा इस्लाम इतिहास स्वयं यही रेखांकित करता है। इसलिए मुसलमानों के सिर पर इस्लाम की लटकती तलवार का डर जिस दिन हट गया, उस के बाद इस्लाम कितना, कैसा बचेगा, यह अभी अनुमान का ही विषय है।

इस बिंदु पर कोएनराड अपने व्यक्तिगत अनुभव का भी हवाला देते हैं। वह स्वयं श्रद्धावान ईसाई थे, बल्कि एक जमाने में पादरी बनने का इरादा रखते थे। किन्तु समय के साथ अधिकाधिक जानते-पढ़ते-देखते-समझते वे ईसाइयत से बिलकुल उदासीन हो गए। इसलिए वे अनुभवसिद्ध सलाह देते हैं कि किसी के लिए अपना मजहब छोड़ने के बाद भी सार्थक जीवन है। अब तो वैसे भी, इंटरनेट की सुविधा (जो भी गैर-मुस्लिमों की खोज और देन है!) के कारण

दुनिया भर के मुस्लिम युवा बहुतेरी बातें, आँकड़े, सचाइयाँ जान रहे हैं। जिहाद-समर्थक और विरोधी, दोनों प्रकार के मुस्लिम इंटरनेट और सोशल मीडिया पर सक्रिय हैं। ज्ञान और सूचना के सारे स्रोत निःशुल्क सब के लिए उपलब्ध हैं। ऐसी स्थिति में केवल हिंसा, जिद, पुराने राज-साम्राज्य की कहानियाँ और मनगढ़ंत बातों की ताकत कितने दिन चलेगी, यह भी अनुमान का ही विषय है।

यह भी ध्यान रहे कि समूह, समुदाय, जातियाँ, नस्लें सदा से मुस्लिम नहीं थी। अरब से लेकर ईरान, एशिया तक हर कहीं यह एक जैसा सच है। इतिहास की दृष्टि से इस्लाम सबसे नया धर्म-विश्वास है, इसलिए भी, और स्वयं इस्लामी स्रोतों के विवरणों में यह मोटे-मोटे अक्षरों में लिखा हुआ है कि कहीं भी लोगों ने स्वेच्छा से इस्लाम नहीं कबूला। समूह के समूह 'इस्लाम या मौत' के घोषित विकल्प के कारण ही मुसलमान बने।

यानी पहले वे दूसरे धर्म-विश्वासों को मानते थे। वे कहीं से बने-बनाए मुस्लिम नहीं थे। उन पर इस्लाम बाहर से लादा गया, यह इस्लामी तारीख की गौरव-गाथाएं खुद कहती हैं। अतः मुस्लिम होना कोई नृवंशीय, नस्ली या क्षेत्रीय पहचान नहीं है, जिसे बदला न जा सके। वह एक ऐतिहासिक और आकस्मिक घटना है। वह किसी के अश्वेत होने या जापानी होने जैसा नहीं, जो न बदल सके। हरेक मुस्लिम के पूर्वज इतनी या उतनी पीढ़ियों पहले कोई और धर्म मानते थे। यह निरपवाद सच है।

अतः जैसे किसी की मुस्लिम पहचान इतिहास के किसी क्षण की घटना है, उसी तरह इतिहास के किसी क्षण में यह लुप्त भी होगी। यह ध्रुव-सत्य है। 'जातस्य हि ध्रुवो मृत्युः...' अथवा, 'आया है सो जाएगा...' यह केवल अदद मनुष्यों पर ही नहीं, विचारों, फैशनों, साम्राज्यों, मजहबों पर भी लागू है। भारत के सनातन धर्म की शिक्षाएं इसीलिए सनातन हैं क्योंकि वह सदैव चिरंतन, शाश्वत सत्यों के अन्वेषण में लगी रही हैं। भारतीय धर्म का किसी मतवाद गढ़ने या थोपने से कोई संबंध नहीं। इसीलिए, यह स्वयं जाँचने-परखने की चीज बन जाती है कि जिस मजहबी-राजनीतिक विचारधारा की शुरुआत अमुक साल, अमुक व्यक्ति (पैगंबर) से हुई, उस की आखिरत भी अवश्यंभावी है।

लेकिन इस अवश्यंभाविता का एक पहलू आज की चिंताजनक स्थिति भी है। यह ठीक है कि इस्लामी महजबी-राजनीतिक विचारधारा, जिस का एक बुनियादी पहलू आतंक और निर्मम दमन है, स्वयं भी एक दिन खत्म होगी। किन्तु यदि तब तक हाथ पर हाथ धरे रहा जाए, तो यह निरंतर हानि तो करती

रहेगी। अतः उसे निष्क्रिय या दुर्बल करने का भी कुछ उद्योग करना अपेक्षित है।

अमेरिकी, यूरोपीय नीतियाँ साफ दिखा रही हैं, इसे सैनिक तरीके से दुर्बल करना विफल प्रयास है। क्योंकि इस की ताकत उन विचारों में है जिन से मजहबी-आतंकवादी, संगठन और सत्ताएं संचालित होती हैं। इसलिए यह हिंसा-प्रतिहिंसा, आतंकवाद और आतंकवाद के विरुद्ध अमेरिकी-यूरोपीय सैनिक अभियान, आदि यथावत चलता रहे, तो यह मानवता के हित में नहीं। चुप बैठे रहने, अथवा मुसलमानों को मारते रहने एवं इस्लाम को श्रद्धा-सुमन चढ़ाते रहने से यह समस्या अगली पीढ़ी को भी झेलनी पड़ेगी। केवल इसीलिए, क्योंकि मूल समस्या को चुनौती देने के बदले उसे ही आदर-सम्मान दिया जाता है।

अतः यह हमारी फौरी जरूरत भी है कि इस्लामी आतंकवाद के मूल स्रोत को चुनौती दें। उसे सबों को धमका, डरा कर चुप कराने की आदत छुड़ाएं। यह तभी होगा जब उस से बेहिचक कहा जाएगा कि उसे आलोचकों को मारने, धमकाने, नाराज होने का कोई अधिकार नहीं। यदि किसी ने शब्दों में अपनी बात रखी है, तो उस का उत्तर भी शब्दों में दिया जाना है। हिंसा को अस्वीकार करना, करवाना होगा। इस अनिवार्य कर्तव्य से कतराना हिंसा को प्रोत्साहन ही देना है।

इस फौरी कर्तव्य के अलावा, मुसलमानों की हालत के प्रति सहानुभूति का बुनियादी कर्तव्य भी है। वह भी निर्देश देता है कि उन्हें इस्लाम की वैचारिक जकड़न से आजाद कराया जाए। क्योंकि वे भी मनुष्य हैं और आजादी से जीने, सोचने-विचारने के अधिकारी हैं। उन्हें यह अधिकार दिलाना भी हमारा कर्तव्य है।

कोएनराड इस मामले में हिंदुओं को अनुभवहीन मानते हैं। स्वभाविक भी है। हिंदू धर्म में किसी धर्मांतरण आदि का कोई कार्यक्रम क्या, कोई विचार तक नहीं रहा है। इसलिए वे प्रायः भोलेपन में पूछते हैं, कि "ईसाई मिशनरी हमें धर्मांतरित क्यों कराना चाहते हैं?" कोएनराड का उत्तर है, "क्योंकि वे तुम्हें प्यार करते हैं।" सचमुच, अनेक यूरोपीय-अमेरिकी मिशनरी अपना घर-परिवार, देश-समाज, आदि त्याग कर भारत, श्रीलंका, नेपाल या म्यानमार आदि जगहों में इसीलिए भटकते रहते हैं क्योंकि उन्हें सचमुच ऐसा लगता है कि ये बेचारे हिंदू अंधेरे में पड़े हैं, नरक जाएंगे। इसीलिए इन्हें 'यीशू का प्रकाश' देकर, यानी ईसाई बनाकर, उन्हें 'बचाएं'। ऐसा सोचने वाले अनेक मिशनरी सचमुच अपनी तरफ से प्रेम से ही परिचालित हैं।

कुछ इसी सदभावपूर्ण दृष्टि से ईसाइयों और मुसलमानों को भी

जड़-विश्वासों से मुक्त होने के लिए कहा जाना चाहिए। यह बात कि 'एक मात्र सत्य' और एक मात्र 'सच्चे मजहब', जिस में सब को लाना ही है—इन अंधविश्वासों से निकलें। किसी बंद विचारधारा से बाहर निकलना और अपनी अंतरात्मा की आवाज, अपने स्वविवेक पर आरूढ़ होना ही घर वापस आना है। किसी ईसाई या मुस्लिम को हिंदू या बौद्ध बनाना कतई जरूरी नहीं। एक बार वे बने-बनाए उत्तरों, जोर-जबरदस्ती, जिद, छल और हिंसा के मजहबी विश्वासों से बाहर निकल आएं। फिर उन की मानवीय भावना और धर्म-चेतना अपना मार्ग स्वयं ढूँढ लेगी।

घर-वापसी का इतिहास*

ईसाइयत और इस्लाम में चले गए हिन्दुओं को वापस हिन्दू समाज में लाने के कार्य को हमारे आधुनिक मनीषियों ने भी महत्वपूर्ण बताया था। लोकमान्य तिलक, लाला लाजपत राय, महामना मदन मोहन मालवीय, और डॉ. राजेंद्र प्रसाद जैसे नेताओं ने ही नहीं, बल्कि स्वामी विवेकानन्द, रवीन्द्रनाथ टैगोर, और श्रीअरविन्द ने इस का समर्थन किया था। रवीन्द्रनाथ टैगोर ने इसे राजनीतिक आंदोलन से भी अधिक महत्वपूर्ण माना था। श्रीअरविन्द ने भी कहा था, "हिन्दू-मुस्लिम एकता ऐसे नहीं बन सकती कि मुस्लिम तो हिन्दुओं को धर्मांतरित कराते रहें जबकि हिन्दू किसी भी मुस्लिम को धर्मांतरित न करें।"

डॉ. श्रीरंग गोडबोले ने *शुद्धि आंदोलन का संक्षिप्त इतिहास : सन् 712 से 1947 तक* नामक पुस्तक में इसी का संक्षिप्त, प्रमाणिक आकलन किया है। हिन्दू समाज ने प्राचीन काल से ही अनेक बाहरी लोगों को अपनाया था। *महाभारत* के शान्तिपर्व (65वें अध्याय) में भी यवनादि विदेशियों को वैदिक धर्म में शामिल करने का परामर्श मिलता है। आज भी विदिशा, मध्यप्रदेश में बेसनगर के पास ई.पू. 110 का बना हुआ हेलियोडोरस स्तंभ है जिसे एक यूनानी दूत ने भागवत धर्म स्वीकार करने के बाद बनवाया था। प्रसिद्ध विद्वान आर.जी. भंडारकर (1837-1925) ने भी प्राचीन काल में विदेशियों को हिन्दू समाज में अपनाने का विवचेन किया है।

जाने-माने अरब यात्री अल बिलादुरी ने जिक्र किया है कि सिंध में पहली मुस्लिम जीत के बाद बने मुसलमान जल्द ही पुनः हिन्दू धर्म में आ गए। इतिहासकार डेनिसन रॉस ने भी यह लिखा है। मुस्लिम देशों से पलायन कर भारत आए गुलामों के शुद्धिकरण का वर्णन अल-बरूनी ने भी किया है। गुजरात के राजा भीमदेव के सामने महमूद गजनवी की पराजय के बाद भी

---

* डॉ. श्रीरंग गोडबोले, *शुद्धि आंदोलन का संक्षिप्त इतिहास : सन् 712 से 1947 तक* (जयपुर : अखिल भारतीय संस्कृति समन्वय संस्थान, 2018), पृ. 80, ISBN 978-81-937305-4-6।

अनेक मुसलमान शुद्ध होकर राजपूतों में शामिल किए गए थे। खिलजी वंश का नाश भी एक जबरन धर्मांतरित मुस्लिम, खुश्रुखान, ने ही हिन्दुओं के सहयोग से किया था। फिर उस ने अपने महल और मस्जिद में हिन्दू देवी-देवताओं की पूजा शुरू करवा दी, गोहत्या बन्द कराई और हिन्दू राज्य कायम किया। यह वर्णन प्रसिद्ध लेखक जियाउद्दीन बरनी ने किया है।

सुलतान मुहम्मद तुगलक के काल में दक्षिण भारत में हरिहर और बुक्का के धर्मांतरित होने और स्वामी विद्यारण्य (1296-1391) की प्रेरणा से पुनः हिन्दू होकर विजयनगर साम्राज्य बनाने की कथा भी जानी-मानी है। जियाउद्दीन बरनी ने फिरोज शाह तुगलक के समय एक ब्राह्मण को दंडस्वरूप जिंदा जलाए जाने का वर्णन भी किया है, जो मुसलमानों को हिन्दू धर्म के प्रति श्रद्धावान बनाया करता था। डॉ. गोडबोले ने इसे 'शुद्धि' के लिए प्रथम बलिदान का उदाहरण माना है।

कश्मीर का सुलतान गियासुद्दीन (15वीं सदी) भी अपनी हिन्दू श्रद्धा के लिए जाना जाता है। उस ने पहले बलपूर्वक बनाए गए मुसलमानों को पुनः हिन्दू बनने के लिए प्रोत्साहन दिया। 14वीं सदी में कश्मीर के शाह मीर ने अपनी कुछ बेटियों का विवाह ब्राह्मण सरदारों से किया था। सिकंदर बुतशिकन के समय मुसलमान बने अनेक लोग पुनः हिन्दू धर्म में आ गए थे, इस का वर्णन *तबकाते-अकबरी* के लेखक ख्वाजा निजामुद्दीन अहमद (16वीं सदी) ने भी किया है। पंडित कंठ भट्ट या निर्मल कंठ ने व्यवस्थित रूप से शुद्धिकरण परिषद आयोजित की थी, यह उल्लेख मिलता है। कश्मीर में 19वीं सदी में भी राजा सर रणवीर सिंह ने बाकायदा एक *श्रीरणवीर कारित प्रायश्चित ग्रंथ* का ही निर्माण करवाया था, जिस में म्लेच्छ बने लोगों की शुद्धि-व्यवस्था पर अध्याय दिया गया है।

16वीं सदी में जोधपुर के राजा सूरजमल ने आक्रमणकारी पठानों द्वारा अपहृत 140 हिन्दू बालिकाओं को छुड़ाने में ही अपने प्राणों की आहुति दी थी। वे बालिकाएं अपने समाज में पुनः बस गईं। उसी सदी में जैसलमेर के महारावल लूणकरण ने एक विशाल यज्ञ करा कर विगत सदियों में जबरन धर्मांतरित हुए लोगों की शुद्धि करवा कर उन्हें हिन्दू समाज में पुनः स्थापित किया।

17वीं सदी में औरंगजेब के काल में भी शुद्धि के अनेक प्रयत्न हुए। पंजाब के होशियारपुर के एक हिन्दू का इस्लाम में धर्मांतरण हुआ था। जब वह शुद्धि कर हिन्दू बना, तो उसे बंदी बना लिया गया। इस के विरोध में होशियारपुर के हिन्दुओं ने हड़ताल की थी। यह इस का प्रमाण है कि शुद्धिकृत व्यक्ति

के प्रति हिन्दू समाज की सहानुभूति हुआ करती थी। 17वीं सदी में ही कीरतपुर (होशियारपुर) के सन्यासी कल्याण भारती के फारस जाकर मुसलमान बन जाने, मगर अनुभव से पुनः इस्लाम त्यागकर हिन्दू बनने की घटना भी मिलती है। उस के स्वदेश आगमन पर उस का भव्य स्वागत हुआ था। यह वर्णन *दबिस्ताने मजाहिब* के लेखक फानी (19वीं सदी) ने दिया है। उस ने कई मुस्लिमों के वैष्णव बैरागी बनने की जानकारी भी दी है।

डॉ. गोडबोले के अनुसार, शुद्धि आंदोलन के सब से प्रमुख प्रणेता संतशिरोमणि स्वामी रामानन्द (1299-1410) को ही मानना चाहिए। उस समय दिल्ली में तुगलक वंश का राज था। स्वामी जी ने मुसलमान बने हजारों राजपूतों को अयोध्या में विलोम-मंत्र द्वारा समारोहपूर्वक हिन्दू बनाया। संत रैदास (15-16वीं सदी) के प्रभाव से भी कुछ मुस्लिम हिन्दू बने थे। उसी काल में चैतन्य महाप्रभु भी हुए जिनके प्रभाव में भी मुसलमान के हिन्दू बन जाने के विवरण मिलते हैं। उन के अंतरंग शिष्य ठाकुर हरिदास पहले मुसलमान ही थे।

ब्राह्मणों ने सामूहिक शुद्धिकरण के कई सरल उपाय बनाए थे। जैसे, गोकुलाष्टमी के दिन धर्मांतरितों का समुद्र-स्नान या गंगाजल छिड़कना, विशिष्ट तीर्थों में स्नान कराना, यज्ञ करके पवित्र करना, सहभोज आयोजित करना, आदि। यद्यपि सभी उपायों के प्रमाणिक उदाहरण उपलब्ध नहीं हैं।

मराठों ने तो 17वीं सदी में शुद्धिकरण की व्यवस्था ही खड़ी की थी। स्वयं छत्रपति शिवाजी ने ही दबाव के कारण बने मुसलमान को शुद्ध कर पुनः हिन्दू बनाने का कार्य किया था। *हिन्दवी स्वराज्य* में भ्रष्ट किए व्यक्तियों को शुद्ध करने की चार व्यवस्थाएं दी गई हैं। यह कार्य करवाने के लिए 'पंडितराव' नामक उपाधि धारक एक अधिकारी भी नियुक्त किया गया था। शुद्ध हुए व्यक्ति को शुद्धिकरण का आधिकारिक प्रमाण-पत्र दिया जाता था, और उस का पंजीकरण भी स्थानीय कोतवाली में होता था। 1665-70 ई. में पुर्तगाल-शासित प्रदेशों को जीतने के बाद शिवाजी ने पुर्तगाली शासन द्वारा हिन्दुओं को बलपूर्वक ईसाइयत में धर्मांतरित लोगों की शुद्धि कराने के भी आदेश दिए थे। शिवाजी की नीति उन के बाद वंशजों ने भी जारी रखी। उन्होंने कई चर्चों को देवी मंदिर के रूप में परिवर्तन भी किया।

19वीं सदी में शंकराचार्य नित्यानन्द सरस्वती ने वसई में असंख्य लोगों के पुनः हिन्दू धर्म में प्रवेश का स्वागत किया था। जब वसई के ब्राह्मणों ने उन का अनुष्ठान करने से इंकार किया तो शंकराचार्य ने आज्ञापत्र निकाल कर उन्हें इसे स्वीकार करने को कहा।

आधुनिक युग में संगठित रूप से शुद्धि आंदोलन के सब से बड़े प्रणेता स्वामी दयानन्द सरस्वती (1824-1883) हुए। 1877 ई. में पंजाब में उन्होंने इस प्रश्न को पहली बार संबोधित किया। शुद्धि पर भाषण दिया, और एक ईसाई की शुद्धि की। 1879 ई. में देहरादून में मुहम्मद उमर नामक मुस्लिम को शुद्ध कर उसे 'अलखधारी' नाम दिया। उन्होंने अमृतसर में ईसाइयत में धर्मांतरित होने जा रहे अनेक हिन्दू छात्रों को भी रोका। कुछ यूरोपीय ईसाई भी स्वामी जी के प्रभाव से हिन्दू बने। उन की बनाई गई राष्ट्रवादी संस्था आर्य समाज ने शुद्धि कार्य को व्यापक रूप से क्रियान्वित किया। आर्य समाज के पंडित लेखराम (1858-1897) ने शुद्धि के लिए अपना बलिदान भी किया।

पंजाब में 1896 ई. में अकाल पड़ने पर ईसाई मिशनरियों ने अछूत हिन्दुओं को निशाना बनाया। तब आर्य समाज ने ऐसे अनेक हिन्दुओं को बचाया। उन्हें यज्ञोपवीत देकर और गायत्री मन्त्र पढ़ाकर सार्वजनिक कुँएं भी उपलब्ध कराए। पंजाब, सिंध, अजमेर में मुस्लिम प्रभाव वाले हिन्दुओं को शुद्ध करके उन्हें सचेत किया। 1904 ई. में दार-उल-उलूम देवबंद के एक मौलवी को भी शुद्ध किया गया।

1920-21 ई. में मोपला जिहाद के दौरान मुसलमानों ने बड़ी संख्या में हिन्दुओं पर अत्याचार किए थे। बीस हजार से अधिक हिन्दुओं की हत्या की गई। मृत्यु के भय से चार हजार से अधिक हिन्दू मुसलमान बने। इस भयावह घटनाक्रम से पूरे देश में आक्रोश की लहर उठी थी। पंजाब में लाला हंसराज की अध्यक्षता में आर्य समाज की बैठक हुई, जिस में धर्मांतरित हिन्दुओं को शुद्ध करने का संकल्प लिया गया। पंडित ऋषिराम, लाला खुशालचन्द जैसे प्रतिनिधि मलाबार जाकर स्थानीय ब्राह्मणों का सहयोग लेकर लगभग ढाई हजार धर्मांतरितों को शुद्ध कर पुनः हिन्दू बनाने में सफल हुए। इस से देश भर में आर्य समाज का नाम विख्यात हुआ।

मलाबार की सफलता के बाद देश के अन्य भागों में भी पहले बलात् धर्मांतरित कराए गए बंधुओं को पुनः हिन्दू समाज में लाने की भावना उठी। भारत में अनेक ऐसी नव-मुस्लिम जातियाँ थीं जिन के कई आचार-विचार पारंपरिक रूप से हिन्दुओं जैसे थे। जैसे, मलकाना राजपूत (संयुक्त प्रांत), मेव (मध्य राजस्थान), शेख (लड़काना, सिंध), मोरेसलाम (मध्य गुजरात), मातिया पीराना पंथी पाटीदार (दक्षिण गुजरात), आदि। इन लोगों को किसी युग में हिन्दू से जबरन मुस्लिम बना दिए जाने के सिवा पारिस्थितिक कारणों से उन पर कोई कड़ी इस्लामी पद्धतियाँ नहीं लादी जा सकी थीं। उन में अधिकांश लोग

पुनः हिन्दू समाज में वापस आना चाहते थे, लेकिन हिन्दुओं में रूढ़िवादी लोग इस से कतराते थे। इस का समाधान करने में कुछ जातिगत संगठनों ने अच्छी भूमिका निभाई।

1909 ई. में आगरे में पंडित भोजदत्त द्वारा स्थापित राजपूत शुद्धि सभा ने सैकड़ों नव-मुस्लिमों को हिन्दू धर्म में वापस लिया था। लेकिन राजपूत समुदाय द्वारा उन की उपेक्षा हो रही थी जिस से वे डाँवाडोल हो रहे थे। क्षत्रिय उपकारिणी सभा ने उन्हें सहारा देकर रोका। 30-31 मई 1923 को वृंदावन में भी एक विराट सम्मेलन हुआ जिस में राजपूतों की सभी जातियाँ शामिल हुईं। उन्होंने मलकानों को शुद्ध करके हुक्के का संबंध जोड़ने का निर्णय किया। लाला हंसराज ने कड़ी गर्मी के महीनों में मैनपुरी में 147 गाँवों को शुद्ध करने में सफलता पाई।

शुद्धि आंदोलन में स्वामी श्रद्धानन्द (1856-1926) का स्थान अमर है। आगरा में 13 फरवरी 1923 की क्षत्रिय उपकारिणी सभा की बैठक में उन्हें बुलाया गया था। इस में सनातनी, आर्य समाजी, सिख, जैन भी आए थे। यहीं 'भारतीय हिन्दू शुद्धि सभा' का गठन हुआ। इसी के दस दिन बाद स्वामी जी की महत्वपूर्ण पुस्तिका *सेव द डाइंग रेसं* प्रकाशित हुई थी, जिस में उन्होंने नव-मुस्लिमों को शीघ्र अपने पुराने कुटुम्ब में लाने की आवश्यकता पर बल दिया। अगले दो महीनों में वे लगभग सौ गाँवों में गए। पहले महीने में ही लगभग पाँच हजार मलकानों को वापस लाया गया। उस वर्ष के अंत तक यह संख्या तीस हजार हो गई थी। इस कार्य पर जमीयत उलेमा और कांग्रेस के नेताओं ने आपत्ति भी की, लेकिन स्वामी जी अडिग रहे।

31 मार्च 1923 को भारत धर्म महामंडल और दरभंगा महाराज की ओर से काशी के पंडितों ने भी स्वामी जी का समर्थन किया। पंजाब और महाराष्ट्र के विविध धर्म-सभाओं एवं जाति संगठनों ने भी समर्थन दिया। 4-5 अप्रैल 1923 को बनारस में विशाल सार्वजनिक सभाओं में भी इस विषय को रखा गया। फलतः काशी के कुछ रूढ़िवादी पंडितों ने भी मलकानों में काम करने का संकल्प लिया। मलकाना मुस्लिम राजपूतों की शुद्धि का काम पूरे हिन्दू समाज ने अपना लिया। यह बहुचर्चित हुआ था, और इसे निम्न कहलाने वाले हिन्दू तबकों का भी समर्थन हासिल था। स्वयं डॉ. अंबेदकर ने शुद्धि आंदोलन से अपनी सहानुभूति लिखित रूप से जताई थी।

स्वामी श्रद्धानन्द ने 1924 ई. में दनकौर, बुलंदशहर में कई मुस्लिमों को शुद्ध किया। मेरठ, मुजफ्फरनगर और बुलंदशहर में उन्होंने लगभग डेढ़ सौ

ईसाइयों को भी पुनः हिन्दू समाज में लाया। उन के सहयोगी रामभज दत्त और मंगल सेन इसी कार्य के लिए अन्य स्थानों पर गए। दिल्ली में मार्च 1926 में कराची से आई हुई महिला असगरी बेगम अपने बच्चों के साथ शुद्ध हुईं और उन्हें शान्ति देवी नाम दिया गया। इस पर असगरी के परिवारवालों ने स्वामी श्रद्धानन्द पर मुकदमा भी किया, किन्तु अदालत ने स्वामी जी को निर्दोष करार दिया। इस के बाद कुछ कट्टरपंथी मुसलमानों ने स्वामी जी को 'इस्लाम का शत्रु' घोषित किया। इसी प्रचार के वशीभूत एक मतांध मुस्लिम ने 23 दिसंबर 1926 को स्वामी जी को उन के घर में बीमार अवस्था में धोखे से मार डाला। यह निस्संदेह, शुद्धि के लिए ही स्वामी जी का बलिदान था।

दुर्भाग्यवश, गाँधी जी ने ठीक इसी काम के लिए स्वामी श्रद्धानन्द को बुरा-भला कहा था। इस में संदेह नहीं कि गाँधी जी और कुछ अन्य कांग्रेस नेताओं के बयानों ने कट्टरपंथी मुसलमानों को उग्र होने का हौसला दिया। बड़े लोगों की सहानुभूतिपूर्ण बातों से सभी प्रकार के कट्टर मतवादी स्वाभाविक रूप से बल पाते हैं। यद्यपि कांग्रेस नेतृत्व के भी एक हिस्से में शुद्धि आंदोलन के प्रति उत्साह था। 30 दिसंबर 1922 को गया (बिहार) में कांग्रेस के पंडाल में आयोजित हिन्दू महासभा के वार्षिक अधिवेशन में मोपला के पीड़ित हिन्दुओं के प्रति समवेदना प्रकट की गई। मलाबार के लोगों से धर्मांतरित लोगों को पुनः हिन्दू धर्म में स्वीकार करने के लिए भी आवाहन किया गया। इस अधिवेशन के अध्यक्ष पंडित मदन मोहन मालवीय तथा स्वागताध्यक्ष डॉ. राजेन्द्र प्रसाद थे।

बहरहाल, 'भारतीय हिन्दू शुद्धि सभा' के प्रयासों से सन् 1923 से 1931 के बीच लगभग 18,33,422 नव-मुस्लिमों को शुद्ध किया गया। इसी दौरान लगभग साठ हजार अछूत कहलाने वाले लोगों को हिन्दू धर्म छोड़ने से भी बचाया गया। 127 शुद्धि सम्मेलन हुए, 156 पंचायतें हुईं, और 81 छोटे-बड़े सहभोज किए गए। सभा की ओर से *शुद्धि समाचार* नामक एक मासिक पत्र भी निकलता था, जिस के चौदह हजार ग्राहक थे।

अखिल भारतीय हिन्दू महासभा का सातवाँ अधिवेशन 19-20 अगस्त 1923 को बनारस में हुआ था। पंडित मदन मोहन मालवीय ने इस की अध्यक्षता की थी। उन्होंने अपने अध्यक्षीय भाषण में शुद्धि कार्य का जोरदार समर्थन किया। वहाँ बाबू भगवान दास (काशी विद्यापीठ के संस्थापक, थियोसोफिस्ट, 1955 ई. में 'भारत-रत्न' से सम्मानित) ने भी शुद्धि के समर्थन में अतिविद्वतापूर्ण भाषण दिया था। सर्वसम्मति से अहिन्दुओं के हिन्दू धर्म में प्रवेश संबधी प्रस्ताव पास हुए।

अ.भा. हिन्दू महासभा का आठवाँ अधिवेशन 11 अप्रैल 1925 को कोलकाता में लाला लाजपत राय की अध्यक्षता में हुआ था। लालाजी ने इस्लाम में बलात् धर्मांतरित हिन्दुओं की शुद्धि का समावेश किया। महासभा के नौ उद्देश्यों में इसे भी शामिल किया गया। बाद में भी हिन्दू महासभा के अध्यक्ष पद से कई महापुरुषों ने शुद्धि का समर्थन किया। वीर सावरकर ने भी इस तथा अन्य मंचों से शुद्धि का समर्थन और प्रत्यक्ष शुद्धि का कार्य भी किया।

वीर सावरकर ने अंडमान के भयावह सेल्यूलर जेल में अपने भाइयों गणेश तथा बाबाराव के साथ मिलकर शुद्धि कार्य किया था। वहाँ कुछ मुस्लिम कारापाल अल्पवयस्क हिन्दू बंदियों को फुसलाकर या यातना देकर मुसलमान बनाते थे। उन में से अनेक को सावरकर बंधुओं ने विधिपूर्वक शुद्ध कराया था। इस का पता चलने पर बाबाराव सावरकर पर जानलेवा हमला भी हुआ, किन्तु वे अडिग रहे। इस का उल्लेख उन की आत्मकथा में एक स्वतंत्र अध्याय के रूप में भी है। उन्होंने डॉ. हेगडेवार से संपादकत्व में *स्वातंत्र्य* दैनिक में शुद्धि संबंधी लेख भी लिखे थे। एक नाटक 'संगीत उः शाप' भी लिखा। सार्वजनिक व्याख्यान भी दिए। स्वामी श्रद्धानन्द की हत्या से दुखित होकर 10 जनवरी 1927 को मुंबई से *श्रद्धानन्द* नामक साप्ताहिक पत्र आरंभ किया। सन् 1924 से 1928 के बीच उन्होंने लगभग 130 अहिन्दुओं की शुद्धि की। उन्हें हिन्दू समाज में बसाने में आने वाली कठिनाइयों का भी समाधान निकालने के उपाय किए। इस कार्य में उन्हें अछूत कही जाने वाली महार जाति के लोगों ने भी सहयोग दिया था। अपने अंतिम वसीयत पत्र (1 अगस्त 1964) में सावरकर ने शुद्धि कार्य करने वाली संस्थाओं को प्रति वर्ष आर्थिक सहायता देने के निर्देश दिए थे।

थियोसॉफिकल सोसायटी के भी प्रमुख नेताओं ने शुद्धि का समर्थन, और इस के लिए कार्य भी किया था। महाराष्ट्र में गजानन भास्कर वैद्य ने 1917 ई. में पहला शुद्धिकरण किया था। इस का समाचार उन्होंने लोकमान्य बालगंगाधर तिलक को उसी दिन दिया, जिन से उन का संपर्क पहले से ही *केसरी* समाचार-पत्र के लिए समाचार भेजते रहने के चलते था। तिलक ने उन से शुद्धि की विधि के बारे में पूछा और इस की महत्ता का ध्यान दिलाया।

समर्थ गुरु रामदास की परंपरा में गुरु विनायक महाराज मसुरकर (1889-1955) ने मसुर (सतारा) में एक ब्रह्मचर्याश्रम की स्थापना की थी। वे वीर सावरकर से मिलने गए। उन की प्रेरणा से मसुरकर महाराज ने धर्मांतरित

गावड़ों की शुद्धि की योजना तैयार की। इस में सद्भावपूर्वक उन के बीच गीत-भजन गाना, योगासन कर के दिखलाना, हनुमानजी का चित्र व साहित्य वितरण करना तथा संध्या समय किसी देवस्थान पर संवाद करना शामिल था। अंततः 26 फरवरी 1928 को चिम्बल (तिसवाड़ी तहसील) गाँव में 800 और नागझर गाँव में 350 गावड़ों की शुद्धि की गई। केवल तिसवाड़ी तहसील में लगभग पाँच हजार गावड़ों ने हिन्दू धर्म में प्रवेश किया।

शुद्धि के लिए संगठित प्रयासों के अतिरिक्त देश में कई लोगों ने व्यक्तिगत प्रयत्न भी किए हैं। जैसे, बालशास्त्री रानडे, शिक्षाविद बाल गंगाधर शास्त्री जाम्भेकर (1812-1846), डॉ. बालकृष्ण शिवराम मुंजे (1872-1948), डॉ. केशव बलिराम हेगडेवार, विद्यानिधि सिद्धेश्वर शास्त्री चित्राव, पंडित लक्ष्मण शास्त्री जोशी (अनंतर 'पद्म-विभूषण' से मानित), राजाराम शास्त्री भागवत, वीरश्री शंकर शास्त्री सोमण, आदि। जाम्भेकर ने लंबी कानूनी लड़ाई लड़कर एक मिशनरी स्कूल में पढ़ रहे ब्राह्मण बालक को ईसाइयत के जाल से छुड़ाया था। डॉ. मुंजे ने लिस्बन तक जाकर पुर्तगाली सरकार के प्रमुख तथा उपनिवेश मंत्री से भेंट की, ताकि गोवा में पुनः हिन्दू बने लोगों की समस्याओं को हल किया जा सके। डॉ. हेगडेवार ने 1931 ई. में नागपुर में हुए कई शुद्धि कार्यक्रमों की पहल की थी।

स्वामी विवेकानन्द ने भी विधर्मियों की शुद्धि का स्पष्ट समर्थन किया था। *प्रबुद्ध भारत* के अप्रैल 1899 के अंक (सं. 33/4) में इस विषय पर उन के विचार संकलित हैं। उन्होंने हिन्दू धर्म से बिछुड़े लोगों को पुनः लेने को संभव तथा उचित बताया। प्रसिद्ध मुस्लिम इतिहासकार फरिश्ता द्वारा हिन्दुओं की संख्या का प्राचीन आंकड़ा, 60 करोड़, भी याद करते हुए स्वामी विवेकानन्द ने वर्तमान में मात्र 20 करोड़ हिन्दू होने से तुलना की। सदियों में बढ़ने के बदले भारी गिरावट का कारण हिन्दुओं का बलात् धर्मांतरण कराना भी रहा। जिस के बाद न केवल वे हिन्दू नहीं रहते, बल्कि हिन्दू धर्म के शत्रु भी बना दिए जाते हैं। उन्होंने पराई अधीनता के कारण मुस्लिम या ईसाई बने हिन्दुओं की वापसी पर प्रायश्चित की शर्त को अनावश्यक बताया था। पुनः हिन्दू बने लोगों की जाति का प्रश्न उठने पर स्वामी जी ने उन की स्वतः नई जाति बन जाने का उपाय बताया। यह पहले भी हो चुका है। पुनः वापस हिन्दू बने लोग नितांत स्वेच्छा से अपनी उपासना, मत या मान्यता तय करेंगे, यह भी स्वामी विवेकानन्द का विचार था। कई विधर्मी ईसाइयत या इस्लाम त्याग कर स्वामीजी के शिष्य बने थे। इन में कैप्टन जॉन सेविए, मार्गरेट नोबल तथा मुहम्मद सरफराज हुसैन

के नाम उल्लेखनीय हैं।

रामकृष्ण आश्रम मठ और मिशन के उद्देश्यों में (क्रम. सं. 20) मुस्लिमों और ईसाइयों को हिन्दू समाज में लाने का प्रयास भी शामिल है। ये नियम स्वयं स्वामी विवेकानन्द ने 5 मई 1897 को निर्धारित किए थे। उसी वर्ष नवंबर में पंजाब प्रवास के दौरान स्वामी जी ने वहाँ सिखों द्वारा शुद्धि के प्रयासों की सराहना भी की थी।

स्वतंत्र भारत में भी शुद्धि के प्रयत्न हुए। 21 अगस्त 1955 को दादर में पुरी के शंकराचार्य की अध्यक्षता में चालीस मछुआरों का शुद्धिकरण हुआ था। पर धीरे-धीरे, विविध कारणों से यह कार्य लगभग पृष्ठभूमि में चला गया। यद्यपि इस की आवश्यकता तनिक भी कम नहीं हुई थी। आज तो पिछले कई दशकों के हमारे अनुभव, और विश्व में कई स्थलों पर बढ़ रही जनसांख्यिकी समस्याओं को देखते हुए कह सकते हैं कि उस की आवश्यकता बढ़ ही गई है। ऊपर उद्धृत रवीन्द्रनाथ टैगोर की सलाह और स्वामी विवेकानन्द एवं श्रीअरविन्द की चेतावनियाँ नए सिरे से प्रासंगिक दिखती हैं।

इसी पृष्ठभूमि में डॉ. श्रीरंग गोडबोले की पुस्तक एक महत्वपूर्ण योगदान है। उन्होंने गत तेरह सदियों में छल-बल या विवशता में धर्मांतरित हुए हिन्दुओं की पुनर्वापसी के प्रयत्नों का श्रमसाध्य आकलन किया है। पिछले कई दशकों से इस विषय पर शायद ही कभी कोई अध्ययन हुआ है। इसलिए, उन की इस पुस्तक का अतिरिक्त महत्व है। यह हिन्दी, मराठी और अंग्रेजी की कुल 72 पुस्तकों का संदर्भ देते हुए प्रमाणिक रूप से तैयार की गई है। ताकि जो पाठक या शोधकर्ता इस की प्रमाणिकता विस्तार में जानना चाहें तो वे मूल स्रोतों तक पहुँच सकते हैं। हमें इस से प्रेरणा लेनी चाहिए और अपने महापुरुषों की सीख पर चलना चाहिए। इसी में सच्चा हिन्दू-मुस्लिम सद्भाव बनने की भी कुंजी है।

परिशिष्ट 1

मुलहिद और मुस्लिम नवजागरण : हैरिस सुलतान की कथा

यूरोप में पूर्व-कैथोलिक संज्ञा जानी-मानी है। यानी ऐसे लोग जो पहले क्रिश्चियन थे, पर अब उस में विश्वास नहीं रखते। वे अब स्वतंत्र बुद्धिवादी या नास्तिक हैं। तो क्या दुनिया के डेढ़ अरब मुस्लिमों में ऐसे लोग नहीं, जो इस्लाम में विश्वास छोड़ चुके? जो इस्लाम से अधिक अपने विवेक को और इस्लामी निर्देशों से ऊपर मानवीय नैतिकता को मानते हों?

उत्तर है कि मुस्लिमों में भी ऐसे लोग शुरू से हैं, खुद प्रोफेट मुहम्मद के समय से। इतने कि उन पर मुहम्मद ने कई बार कहा है। उन के लिए दो नाम भी हैं—'मुनाफिक' और 'मुलहिद'। मुनाफिक, जो ऊपर से इस्लाम पर विश्वास जताते हैं पर दरअसल उन्हें विश्वास नहीं है। मुलहिद, जो खुल कर इस्लाम पर विश्वास छोड़ चुके हैं।

यहाँ दो बातें नोट करने की हैं। पहली, मुहम्मद ने ऐसे लोगों को खत्म कर डालने का हुक्म दिया था। इसीलिए शरीयत में इस्लाम छोड़ने की सजा मौत है। दूसरी, जैसे ही मुहम्मद की मृत्यु हुई, अनेक अरब कबीलों ने इस्लाम छोड़ने की घोषणा कर दी। इस्लाम छोड़ने वालों में मुहम्मद की आखिरी बीवी कुतैला बिन्त कैस भी थी! प्रथम खलीफा अबू बकर को साल भर तक अरब में युद्ध लड़ना पड़ा, ताकि इस्लाम छोड़ने की गति रोकी जा सके।

इस प्रकार, शुरू से ही इस्लाम मुसलमानों के लिए कैदखाने जैसा मतवाद बना और वैसा ही रहा है। जिस में जाने का रास्ता है, निकलने का बन्द है। वह भी मार डालने की धमकी से। कहना चाहिए कि इस के सिवा इस्लाम को बनाए रखने का कोई उपाय नहीं है! इस में ऐसा कुछ नहीं जो मानवीय विवेक को स्वीकार हो सके। तब भी इस्लाम चौदह सौ वर्षों से क्यों बना हुआ है—यह एक अलग विषय है। जिस पर अलग से विचार करना चाहिए।

फिलहाल प्रसंग यह कि मार डालने के 'कानून' के बावजूद हालिया दशकों में मुलहिदों की संख्या बढ़ रही है। कनाडा के मौलवी बिलाल फिलिप्स के अनुसार उन की बाढ़, बल्कि 'सुनामी' आ सकती है। यह चिंता निराधार नहीं।

एक आकलन के अनुसार अभी केवल पाकिस्तान में 28 हजार मुलहिद हैं। ईरान में और बाहर रहने वाले ईरानी मूल के मुस्लिमों में यह संख्या बहुत बड़ी है। अमेरिका में प्यू रिसर्च सेंटर ने एक सर्वे में पाया कि मुस्लिम परिवारों के लगभग एक चौथाई युवा अपने को इस्लाम से नहीं जोड़ते।

इस में आगे वृद्धि होना पक्की बात है। इस का सबसे बड़ा श्रेय इंटरनेट और उस पर उपलब्ध तमाम जानकारियों, पुस्तकों, विचार-विमर्श को है जिन्हें प्रतिबंधित नहीं किया जा सकता। यद्यपि सऊदी अरब, ईरान, पाकिस्तान, मलेशिया, आदि कई देशों में स्वतंत्र नजरिए से लिखने-बोलने वाले मुस्लिमों के लिए जेल और मौत की सजा है। पर इस से बात बनने वाली नहीं। इस्लाम के सिद्धान्त और वास्तविक इतिहास अब विश्लेषण, परख से बचाकर नहीं रखे जा सकते। इस्लामी मत मानने वाले मुसलमानों की निंदा बिलकुल नहीं होनी चाहिए। लेकिन उस मत, विचार को यह सुविधा नहीं है।

पिछले दशकों में इब्न वराक, अनवर शेख, अली सिना, जैसे कुछ ही जाने-माने मुलहिद थे। अब उन की संख्या लगातार बढ़ रही है। आज अमेरिका में अय्यान हिरसी अली, वफा सुलतान, मरवी सरमद, कनाडा में ताहिर असलम गोरा, अली अमजद रिजवी, इंग्लैंड में रिजवान इदेमीर, तथा पाकिस्तानी मूल के गालिब कमाल, और हैरिस सुलतान को पढ़ने, सुनने वाले असंख्य हैं। ईरानी मूल के रिजवान इदेमीर के कार्यक्रम 'एपोस्टेट प्रोफेट' के नियमित दर्शकों की संख्या दो लाख से अधिक है। उन के कुछ वीडियो लाखों लोगों ने देखे हैं।

अनेक मुलहिदों के नियमित कार्यक्रम यू-ट्यूब पर आते हैं। उन में 'स्पार्टाकस एक्स-मुस्लिम', गालिब कमाल, और हैरिस सुलतान के हजारों नियमित दर्शक हैं। इन में अधिकांश मुसलमान ही होंगे। जो अब तक इस्लाम के प्रति आलोचनात्मक विचारों को सुनने से बचा कर रखे गए थे। उन के प्रश्न दबाए या झूठी बातों से ठंडे किये जाते थे। अब इंटरनेट के कारण वे बैठे-बैठे सारा सच-झूठ परख सकते हैं।

दूसरे, विविधता के आदर में वैचारिक विविधता का आदर भी है। इसलिए मुसलमानों में भी नास्तिकों, स्वतंत्र विचार के लोगों, और इस्लाम की आलोचना करने वालों का भी स्थान होना चाहिए। तभी मुसलमानों की उन्नति होगी। उन का समाज सहज, स्वस्थ, विकासशील बनेगा। जैसे मध्य युग में यूरोप में चर्च क्रिश्चियनिटी की जकड़ से निकलने के बाद यूरोप की उन्नति हुई।

इसी प्रक्रिया का एक दस्तावेज पाकिस्तानी मूल के ऑस्ट्रेलियाई लेखक हैरिस सुलतान की चर्चित पुस्तक *द कर्स ऑफ गॉड : हाय आई लेफ्ट इस्लाम*

(Xlibris.com.au, ऑस्टेलिया, 2018) है। इस की भूमिका में अली अमजद रिजवी ने लिखा है कि जैसे छापाखाने के आविष्कार ने बाइबिल के आलोचनात्मक विमर्श का रास्ता खोला, उसी तरह इंटरनेट ने कुरान को सबके समझने के लिए खोल दिया है। सन् 1980 के दशक तक स्थिति यह थी कि सभी पाकिस्तानी मुस्लिम घरों में कुरान रखा रहता था, पर किसी को मालूम न था कि उस में क्या है। अधिकांश कुछ उड़ती-उड़ती बातें ही जानते थे। उतना ही जितना मौलवी बताते थे। फिर, अरबी कुरान का अनुवाद भी गोल-मोल रहता था, ताकि कुछ बातें दबी रहें। जिसे जानकर किसी भले आदमी को धक्का लग सकता था। खासकर गैर-अरब देशों में, जहाँ मुसलमानों में अपने देशों की परंपरा के कई मानवीय मूल्य प्रतिष्ठित थे।

रिजवी ध्यान दिलाते हैं कि जब यूरोप के मध्य युग में क्रिश्चियनिटी को चुनौती दी गई, तो उसे 'नवजागरण' का युग कहा गया। उस का लाभ नए चिंतन और आविष्कारों के रूप में यूरोप और सारी दुनिया को मिला। अब वही चीज मुस्लिम समाज में हो सकने को कोई और नाम देना अनुचित है।

हैरिस सुलतान ने इस्लामी सिद्धांतों की आलोचना नास्तिकवादी नजरिए से की है। वे सभी रिलीजनों को मनुष्य के विकास में बाधा मानते हैं। उन में वैज्ञानिकों वाली प्रश्नाकुलता है, जिस से वे बचपन से ही इस्लामी विश्वासों पर भी प्रश्न पूछते थे। जैसे, हर चीज को अल्लाह ने बनाया, तो अल्लाह को किस ने बनाया? इस के उत्तरों से उन्हें संतुष्टि नहीं होती थी। ज्यादा पूछने पर माँ उन्हें चुप रहने कहतीं, नहीं तो 'कोई तुम्हें मार डालेगा।'

बड़े होने पर हैरिस ने इस्लामी किताबों को खुद पढ़ा तो एक अनोखी चीज पाई। अच्छे-अच्छे पाकिस्तानी अपने काम और जीवन-मूल्यों में अनेक बिन्दुओं पर वस्तुतः इस्लाम-विरोधी हैं। लेकिन अपने को विश्वासी मुसलमान समझते हैं। उन में नेता, व्यापारी, खिलाड़ी, कलाकार, किसान, आदि हर तरह के लोग हैं। वे ऐसे कई विचारों के हामी हैं, जो शरीयत विरुद्ध हैं। पर उन्हें पता नहीं कि वे विचार शरीयत यानी इस्लाम के विरुद्ध हैं।

हैरिस की दलील है कि ऐसे बीच-बीच के मुसलमानों को या तो इस्लाम से मुक्त होना चाहिए, या फिर तालिबान, इस्लामी स्टेट की तरह पक्का मुसलमान बनना चाहिए। अभी वे दोहरा जीवन जी रहे हैं। विश्वास में वे मुसलमान हैं, परन्तु रुचि में मानवतावादी हैं (इसी को तबलीगी, देवबंदी, वहाबी, आदि जमातें 'काफिर' प्रभाव कहकर उन्हें पक्का मुसलमान बनाने में लगी रही हैं)। हैरिस के अनुसार यदि कोई अल्लाह है, तो वह इस से तो खुश नहीं होगा

कि आप उस की कुछ बात मानें और बाकी बातें छोड़ दें। इसलिए मुसलमानों को अंततः विवेक और इस्लाम के बीच चुनाव करना होगा।

हैरिस सुलतान ने पुस्तक में वैज्ञानिक तर्कों से इस्लामी विचारों और परंपराओं की समालोचना की है। उन की पड़ताल के बिन्दु हैं—(1) क्या अल्लाह के होने का कोई सबूत है? (2) क्या इस्लाम में बताई गई नैतिकता अच्छी है? (3) क्या इस्लाम में दी गई जानकारियाँ सही हैं?

उन्होंने पाया कि अल्लाह की तमाम बातों से तो वह बच्चे जैसी मानसिकता का लगता है, जो मामूली बात पर भी रूठने, चिल्लाने, धमकी देने लगता हो : 'मेरी पूजा करो, वरना मार डालूँगा'! उस में अपना अस्तित्व दिखा सकने की भी क्षमता या बुद्धि नहीं है। अल्लाह छिपा हुआ है, मगर शिकायत करता है कि हम उसे नहीं मानते। फिर इस गॉड, यहोवा या अल्लाह ने अपने संदेशवाहक (प्रोफेट) एक नामालूम से अरब क्षेत्र में ही क्यों भेजे? बड़े-बड़े इलाकों अमेरिका, ऑस्ट्रेलिया, चीन, आदि में रहने वाले करोड़ों लोगों को संदेश देना क्यों नहीं सूझा? इन महाद्वीपों ने तो सदियों तक मुहम्मद का नाम भी नहीं सुना। तब उन करोड़ों निर्दोष लोगों को अल्लाह ने अपने संदेश से वंचित, और इस प्रकार, इस्लाम न मानने से जहन्नुम का भागी क्यों बनाया? अतः या तो इस्लाम न मानने में कोई बुराई नहीं, न कोई जहन्नुम है, या फिर अल्लाह को ही दुनिया का पता नहीं है!

फिर, कुरान स्पष्ट नहीं है। सुन्नी और शिया अपना-अपना मतलब निकालते हैं। दोनों सही नहीं हो सकते। यह शुरू से चल रहा है। यानी कुरान आसानी से गलत समझी जा सकती है। यह कोई बढ़िया किताब होने का सबूत नहीं। इसे कमजोर तरीके से लिखा गया, या इस की बातें ही कमजोर हैं। तथ्यगत जानकारियों की दृष्टि से भी कुरान में कोई ऐसा ज्ञान नहीं जिससे वैज्ञानिक, चिंतक, आविष्कारक जैसे लोग बन सकें। एक ओर दावा है कि उस में सारी साइंटिफिक बातें हैं, दूसरी ओर सदियों से दुनिया में कभी कोई मुस्लिम साइंटिस्ट नहीं बना। जो इक्के-दुक्के हुए भी, वे काफिर देशों में, काफिरों की संस्थाओं में पढ़कर, काफिर साइंटिस्टों की सोहबत में ही हुए। यह दिखाता है कि इस्लामी किताबें दुनिया के बारे में भी सही जानकारियों से खाली हैं।

यह तथ्य उस दावे को भी काटता है कि सारी दुनिया, धन-संपत्ति, बढ़िया चीजें, अल्लाह ने मुसलमानों के लिए बनाई हैं। वास्तव में यह सब काफिरों को ही सदियों से, इस्लाम से पहले से और आज भी हासिल हैं। अल्लाह के

अनुसार चलते हुए मुसलमानों ने अपने बूते कभी कुछ नहीं बनाया, न आज बना पाते हैं। जबकि बिना अल्लाह की परवाह किए, स्वतंत्र चिंतन और वैज्ञानिक शोध से हर तरह के काफिरों ने सैकड़ों आविष्कार किए, नई तकनीकें और बेहतरीन चीजें बनाईं। इस्लाम से पहले भी और आज भी। काफिर सारी दुनिया में हर क्षेत्र में उपलब्धियाँ हासिल करते रहे हैं। मुसलमान ऐसा क्यों नहीं कर सके?

उलटे ठीक अरब, जहाँ अल्लाह के संदेश और संदेशवाहक मुहम्मद आए, जहाँ अरब को शत-प्रतिशत इस्लामी बनाकर वहाँ से यहूदियों, क्रिश्चियनों और पगानों (अनेक देवी-देवताओं को मानने वाले) को मार भगाया या खत्म किया गया—वही अरब सब से पिछड़े और कमजोर बने रहे! वह भी सदियों से लगातार। इस का संबंध इस्लामी विचार-व्यवहार से है, वरना दक्षिण कोरिया एक मामूली पिछड़े गाँव जैसी चीज से पचास वर्ष में विश्व का एक तकनीकी सुपरपावर बन गया! अब मुसलमान भी इसे समझने लगे हैं कि इस्लाम वैज्ञानिक, तकनीकी, आर्थिक, और सांस्कृतिक पिछड़ेपन का एक कारक है।

सो, कई कारणों से मुसलमानों में मुलहिद बढ़ रही है। एक आकलन से पाकिस्तान में 40 लाख, तुर्की में 48 लाख, मलेशिया में 18 लाख, और सऊदी अरब में 16 लाख लोग नास्तिक हैं। वे स्वतंत्र चिंतन की आजादी की माँग कर रहे हैं। यह सरासर अनुचित है कि कोई इस्लाम न माने, तो उसे मार डालें। यह इस्लाम की कुंठा, टैबू भी दिखाता है। वह सवालों को प्रतिबंधित रखना चाहता है। खुला विचार-विमर्श ही इस अटपटेपन का इलाज है।

हैरिस एक महत्वपूर्ण तथ्य पर ध्यान दिलाते हैं। कई बर्बर प्रथाओं का मजाक उड़ाते रहने से ही अंततः उसे छोड़ा गया। सऊदी अरब में स्त्रियों को जो अधिकार मिल रहे हैं, वह दुनिया हँसी उड़ने से ही संभव हुआ कि स्त्री कार क्यों नहीं चला सकती? दफ्तरों में काम क्यों नहीं कर सकती? अकेले बाजार क्यों नहीं जा सकती? इसलिए व्यर्थ इस्लामी विचारों की आलोचना करना, उन का मजाक बनाना अच्छा है। इस से मुस्लिम शासकों पर मानवीयता का दबाव पड़ता है। इस्लाम के 'सम्मान' के नाम पर चुप्पी, या आलोचकों को दंडित करना, मुसलमानों की हानि ही करना है जो अनुचित बंधनों में जकड़े रखे गए हैं।

अपनी पुस्तक के औचित्य में हैरिस पूछते हैं कि मुसलमानों को क्या

अधिकार है कि वे तो दूसरों को उपदेश देंगे, पर दूसरे उन्हें उपदेश नहीं दे सकते? यदि मुसलमान समझते हैं कि वे सही हैं, और दूसरे गलत, तो इस की जाँच-पड़ताल चलनी चाहिए। तब हो सकता है कि उलटा ही निष्कर्ष मिले।

हैरिस की पुस्तक का बड़ा हिस्सा कुरान में तथ्य जैसी बातों का वैज्ञानिक विश्लेषण है। अन्य हिस्से में सामाजिक, बौद्धिक दावों और इतिहास की समीक्षा है। जैसे, इस्लामी विद्वानों का यह कहना गलत है कि इस्लामी विचार बदले नहीं जा सकते क्योंकि वे 'अल्लाह के शब्द' हैं। लेकिन वही विद्वान इस्लामी किताबों में दी गई गुलामी, सेक्स-गुलामी, पत्नी को मारने-पीटने वाले निर्देश, आदि की आज भिन्न व्याख्या करने की कोशिश करते हैं। यह 150 साल पहले नहीं होता था। उन बातों को जस का तस रखा, बताया, समझाया जाता था। लेकिन अब उस से इंकार करते हुए घुमावदार बातें होती हैं। यहाँ तक कहा जाता जाता है कि प्रोफेट मुहम्मद ने ही गुलामी खत्म की! यह न केवल गलत है, बल्कि सौ साल पहले तक किसी इस्लामी व्याख्या में नहीं कहा जाता था। यह एक उदाहरण भर है।

वस्तुतः कुरान और सुन्ना के अनेक कायदे कई मुस्लिम देशों में छोड़े जा चुके। पाकिस्तान या तुर्की के जीवन में संगीत और कला की आम स्वीकृति इस्लाम-विरुद्ध है। पर बदस्तूर चल रही है। यह साबित करता है कि इस्लामी विचार बदले जा रहे हैं, चाहे वे अल्लाह के निर्देश हों या न हों।

इस्लाम में एक मात्र ईनाम या उपलब्धि है—मरने पर जन्नत जाना। अल्लाह या प्रोफेट ने यही कहा है। इस के अलावा इस दुनिया में काफिरों को हराकर उन का माल, और उन की स्त्रियों, बच्चों को गुलाम बना कर बेचने से मिला गनीमा। बस। लेकिन उस जन्नत के अस्तित्व का, या वह केवल मुसलमानों के लिए रिजर्व होने का सबूत क्या है? शून्य। तब इस्लाम के लिए सारी लड़ाई, छल-प्रपंच, आदि करते रहना कौन सी बुद्धिमानी है!

हैरिस मुसलमानों को कहते हैं कि उस काल्पनिक जन्नत के लिए इस्लाम द्वारा हराम ठहराई गई सभी चीजों : महान दर्शन, साहित्य, संगीत, कला, किसी से दोस्ती चाहे वह कोई भी धर्म माने या नास्तिक हो, मिल-जुल कर रहने, आदि से वंचित रहना बेतुकी बात है! अपने पिता और भाई को भी अपना न समझें, यदि वह इस्लाम न मानें (कुरान, 9-23)। इस तरह, आप दुनिया की आधी आबादी को सताने की ठाने रहें, ताकि आप को जन्नत मिले, बड़ी बेढ़ब सीख है। महान लेखक अनातोले फ्रांस को उद्धृत करते हैरिस कहते हैं, "यदि

5 करोड़ लोग भी कोई मूर्खतापूर्ण बात कह रहे हों, तब भी वह बात मूर्खतापूर्ण ही रहेगी।"

इस्लामी सीखों में बेढ़ब बातें अपवाद नहीं हैं। उन्हें सारी मानवजाति और 'सदा के लिए' एक मात्र 'अनुकरणीय' बताया जाता है! स्त्रियों के प्रति व्यवहार लें। कुरान के अनुसार स्त्रियाँ पुरुषों की मनमानी भोग्या, सेविका भर हैं, क्योंकि पुरुष 'उन का खर्चा उठाता' है। इसलिए लगे कि स्त्री सही व्यवहार नहीं कर रही, तो पुरुष उसे पीट सकता है (कुरान, 4-34)। हदीसों में मुहम्मद ने कहा है कि स्त्री को पीटने के लिए पुरुष से कारण नहीं पूछा जा सकता। फिर, स्त्रियों को बुर्का पहनना इसलिए जरूरी है, कि 'उन्हें पहचान कर सताया न जाएगा' (कुरान, 33-59)। मानो बाकी को सताना ठीक हो!

स्त्री-संबंधी इस्लामी निर्देश बड़े हीन और वस्तुवाचक हैं। वह पुरुष के जूते, फर्नीचर, जैसी है जिसे इच्छानुसार रखा जा सकता है। जहाँ पसंद आ जाए उसे लाया, फेंका, बाँटा, भोगा जा सकता है। यह अल्लाह का कहना है! (कुरान 33-37, 4-24)। अपनी बीवी को इसलिए भी तलाक दे सकते हैं क्योंकि बाप को पसंद आ गई। ताकि बाप उससे शादी कर सके। बीवियों के साथ-साथ गुलामों, कब्जा की गई दूसरों की स्त्रियों को भी भोगने की मंजूरी है। यह सब 'सदा के लिए अल्लाह के नियम' कहना आज इस्लामी विद्वानों को भी संकोच में डालता है। इसलिए वे इन की गोल-मोल व्याख्या करते हैं।

यह सब कायदे प्रोफेट मुहम्मद के अनुकरण पर आधारित हैं। कुरान में अधिकांश प्रसंग मुहम्मद के जीवन से जुड़े हैं। उन की जीवनी जानने वाले उसे अधिक समझ सकते हैं। पहली बीवी खदीजा के देहांत के बाद मुहम्मद ने जीवन के अगले 13 वर्षों में 23 स्त्रियों के साथ शादी की या भोग किया। सभी का सिलसिलेवार वर्णन हैरिस ने अपनी पुस्तक में किया है (पृ. 86-101)। कुछ संबंध ऐसे भी थे, जिन्हें सही ठहराने हेतु मुहम्मद को इलहाम हुआ, यानी अल्लाह ने आयत भेजी। ऐसी ही एक आयत (कुरान, 33-51) पर मुहम्मद की सब से पसंदीदा बीवी आएशा ने मानो तंज करते कहा कि "लगता है अल्लाह आपकी इच्छाओं, कामनाओं को पूरा करने के लिए अधीर रहता है" (सहीह बुखारी, 6-60-311)। मुसलमानों में गोद न लेने की परंपरा भी मुहम्मद के एक प्रसंग से जुड़ी है। नतीजन मुस्लिम विश्व में लाखों बच्चे सदैव यतीम के यतीम बने रहते हैं। उन्हें कोई गोद नहीं ले सकता, क्योंकि इस्लाम में इस की मनाही है!

इस प्रकार, स्त्रियों, बच्चों, और परिवार का इस्लाम में बहुत नीचा स्थान

है। इस के लिए दी गई दलीलें मुहम्मद के समय भी सबको ठीक नहीं लगती थीं। गुलाम स्त्रियों, और कब्जा की गई काफिरों की स्त्रियों से किसी मुसलमान का संभोग करना जायज कहा गया। इस की मंजूरी हदीस में है, पर उस से पैदा होने वाले अवैध बच्चे पर कुछ नहीं मिलता, कि उन का क्या होना है? स्पष्टतः उन बलात्कारों से उत्पन्न अनिच्छित, बेपहचान बच्चों की कोई फिक्र अल्लाह या प्रोफेट को नहीं थी। स्त्रियों, बच्चों के प्रति ऐसा दृष्टिकोण कैसा धर्म है—यह पूछना क्या मनुष्य का अधिकार नहीं?

दूसरी ओर, कुरान की उस दलील को परख सकते हैं, क्योंकि आज स्त्रियाँ न केवल आत्मनिर्भर हैं, बल्कि कई तो हजारों पुरुषों को नौकरी दे सकती हैं। अतः कुरान की बातें 'सदा के लिए' सही नहीं हैं। (इस्लाम से पहले भी स्वतंत्र कारोबार चलाने वाली स्त्रियाँ अरब में थीं। खुद मुहम्मद ऐसी ही एक स्त्री खदीजा के कर्मचारी थे, जिस ने बाद में उन से विवाह कर लिया। खदीजा का प्रभाव ही था कि प्रोफेट बन जाने के बाद भी खदीजा के जीवित रहते अगले 25 वर्षों तक मुहम्मद दूसरी बीवी नहीं लाए। जबकि उन के गुजरते ही कुछ ही वर्षों में अनेकानेक बीवियाँ आ गईं।)

इसी तरह, बुर्के का तर्क भी विचित्र है। किसी लोभी की नजर न पड़े, इसलिए मुसलमान स्त्रियाँ बुर्का पहनें कुछ ऐसा ही है मानो अपनी कार हमेशा ढँके रखें ताकि चोर न देखे। या धन नहीं कमाएं, ताकि लुटेरे छीन न लें। पर ऐसी ही विचित्र, और डराने वाली दलीलें ही इस्लाम में भरी हैं। अनेक निर्देशों के साथ केवल डर और धमकी का तर्क है।

गैर-मुसलमानों यानी काफिरों के लिए इस्लामी सिद्धांत-व्यवहार सबसे क्रूर हैं। उन के 'गले में रस्सी' व 'जंजीर' बाँधने, 'खौलते पानी और आग में डालने' की बातें हैं (कुरान, 40-70, 71, 72)। सिर्फ इसलिए कि वे अन्य धर्म मानते हैं। यह 'सदा के लिए अल्लाह का नियम' तो दूर, उस समय भी अनुचित था, जब इसे अरबों पर लादा गया। असंख्य आयतें काफिरों पर हिंसा से भरी हुई हैं (कुरान, 22-19, 20, 22)। हैरिस के अनुसार, 'जहन्नुम की आग' वाली धमकी और वर्णन लगभग 500 आयतों में है। लगभग 36 आयतों में काफिरों से लड़कर उन्हें मुसलमान बनाने के आवाहन हैं (पृ. 74)।

यह सब किसी सर्वशक्तिमान अल्लाह के नाम पर बेसिर-पैर की बातें लगती हैं। उपमा देते हुए हैरिस लिखते हैं कि यह ऐसा ही है कि कोई आदमी जाकर चींटियों की बाँबी में इसलिए आग लगा दे क्योंकि उस के पहुँचने पर चींटियों ने बाहर निकल कर उस की जयकार नहीं की। इस्लामी निर्देशों को

अनुपयुक्त ठहराने वाले हैरिस के तर्क विश्वासी मुसलमानों के लिए भी विचारणीय हैं (पृ. 79-81)।

प्रोफेट मुहम्मद को मानवता के लिए सर्वश्रेष्ठ अनुकरणीय व्यक्ति मानने को हैरिस ने अज्ञान से जोड़ा है। पाकिस्तान (भारत भी) में मुस्लिम बच्चों को मुहम्मद की उदारता के बारे में झूठी कहानियाँ सुनाई जाती हैं। जब हैरिस ने उन कहानियों की खोज की तो उलटा पाया, जिसे जानकर उन्हें बड़ा धक्का लगा (पृ. 82-85)। दयालुता के बदले भयंकर क्रूरता, जिस में दूध-पीते बच्चे की माँ असमा बिन्त मरवान को सोते हुए में मार डालना भी था। बेचारी का कसूर सिर्फ यह था कि उस ने मुहम्मद की आलोचना में एक कविता लिखी थी! ऐसे सभी कवि, आलोचक चुन-चुन कर मुहम्मद के हुक्म से मार डाले गए। तब मृतकों के परिवार वाले मुसलमान बन गए। यह शुरू से ही आतंक द्वारा इस्लाम फैलाने का सबूत है।

ऐसे कई विवरण देकर हैरिस कहते हैं कि अनेक आधुनिक मुसलमान अज्ञानवश इस्लाम को 'शान्ति का मजहब' कहते हैं। वे इतिहास नहीं जानते। हैरिस ने अपने परिवार के लोगों, दोस्तों, आदि से असमा बिन्त मरवान जैसे लोगों का नाम लेकर पूछा कि क्या वे उन के बारे में जानते हैं? सब ने इंकार किया। लेकिन मुहम्मद की दयालुता वाली वह झूठी कहानी सब जानते थे! हैरिस के अनुसार, "मुसलमानों को नियोजित रूप से झूठी बातें सिखाई जाती हैं। जब तक वे सचाई जानने में समर्थ होते हैं तब तक उन की दिलचस्पी खत्म हो चुकती है"(पृ. 86)।

प्रोफेट मुहम्मद की जीवनी पढ़कर कोई सामान्य मुसलमान भी यह कहने में दो बार सोचेगा कि वे पूरी मानवता के, सदैव अनुकरणीय, त्रुटिहीन मॉडल थे। आज के पैमाने से तो उन्हें अच्छा कहना भी मुश्किल है। सैन्य जीत, राज्य विस्तार, नरसंहार, बाद में भी मुहम्मदी अनुयाइयों द्वारा काफिरों पर हमले कर-करके बड़ी संख्या में उन की सभ्यता, संस्कृति, चर्च, मंदिर, पुस्तकालय, विश्वविद्यालय, आदि का नाश करके उन्हें मार डालना या जबरन मुसलमान बनाना, आदि सदियों के इतिहास में कुछ भी अनुकरणीय नहीं है। वैसी सीखें ठुकराने का हक मुसलमानों को होना चाहिए। यही हैरिस की माँग है।

हैरिस की रुचि वैज्ञानिक विश्लेषण में है। इसीलिए पुस्तक में इस पर केंद्रित अध्याय काफी मौलिक है। मुसलमानों को बताया गया है कि कुरान दुनिया की सर्वश्रेष्ठ किताब है, जिस में अल्लाह के शब्द हैं। इसलिए उस में न कोई गलती है, न उस में कुछ बदला या छोड़ा जा सकता है। इस दावे के

मद्देनजर यदि कुरान में एक भी आयत में गलती या छोड़ने लायक चीज मिले—तो पूरा दावा गलत साबित होगा। इस परीक्षण में हैरिस कई प्रश्न उठाते हैं।

एक, दुनिया में अनेक अनूठी पुस्तकें कुरान से पहले और बाद भी लिखी गईं। उन पुस्तकों में गुलामी, भिन्न विचार वालों को मारना, स्त्रियों पर जबरदस्ती, मनमानी हिंसा, अपशब्द, डरना-डराना, आदि कुछ नहीं है। इस के बदले ऐसी सुंदर दार्शनिक बातें हैं जो हजारों वर्ष बाद भी आज ऊँची समझ और आनन्द देती हैं। वह तनिक भी पुरानी नहीं लगतीं और उन में कुछ भी छोड़ने लायक नहीं मिलता। वे बातें बिल्कुल साफ हैं जिन्हें समझने में किसी पुनर्व्याख्या की जरूरत नहीं पड़ती। तो कौन सी पुस्तक श्रेष्ठ है?

दूसरे, यदि अल्लाह सर्वशक्तिमान है तो उस ने अपना संदेश देने के लिए एक छोटा, नामालूम सा अरब क्षेत्र और मनुष्य के माध्यम से मौखिक बोल-बोल कर व्यक्तियों को संदेश दिलवाने की पद्धति क्यों चुनी? आज कोई वीडियो बनाता है, जो एक दिन में दुनिया भर में लाखों लोगों तक पहुँच सकता है। सो पहले तो अल्लाह ने अमेरिका, चीन, भारत, जैसे विशाल समाजों को छोड़ कर एक अत्यंत छोटे से अरब समूह को क्यों चुना। फिर, क्या उस के पास कोई तकनीक नहीं थी जो आज मामूली इंसानों के पास है, कि एक ही बार में संदेश सारी दुनिया में और सीधे पहुँच जाए? यदि अल्लाह भी मनुष्य की तकनीकी सीमा से बाधित और निर्भर है, तो वह सर्वशक्तिमान नहीं है।

तीसरे, जिहाद वाली आयतों पर दोहरे-तिहरे अर्थ क्यों निकाले जाते हैं? जैसे, "अल्लाह की राह में युद्ध करो, और जान लो कि अल्लाह सुनने वाला और जानने वाला है" (कुरान, 2-244)। इस्लामी स्टेट वाले मौलाना इस का अर्थ काफिरों पर चढ़ाई करना, और कोई अन्य मौलाना अपनी रक्षा करना बताते हैं। अपनी-अपनी पसंद, या समय स्थान देख कर इस का अर्थ बदला जाता है। क्या अल्लाह टॉल्सटॉय या आइंस्टीन की तरह ऐसे वाक्य नहीं बोल सकता जिस के अर्थ पर कोई शक-शुबहा न हो?

चौथे, पृथ्वी और ग्रहों के निर्माण, सूरज के डूबने की जगह, धरती का आकार, मनुष्य के जन्म की प्रक्रिया, आदि संबंधी तथ्यगत गड़बड़ियाँ भी मिलती हैं। इस पर मौलाना और विश्वासी मुसलमान आज की दृष्टि से उस की सफाई देते हैं। यह तो अल्लाह के बदले, मनुष्य का विचार उस में डालने जैसा है।

पाँचवें, कुरान में तार्किक भूल भी हैं। एक ओर, यहूदियों और क्रिश्चियनों

के विश्वासों का 'सबूत' माँगा जाता है। दूसरी ओर, अल्लाह या मुहम्मद के दावों का कहीं कोई सबूत नहीं है। अल्लाह के होने या उस का संदेशवाहक मुहम्मद के होने के दावे का एक मात्र स्रोत खुद मुहम्मद हैं। जो इस दावे पर संदेह करे, उसे अपनी ताकत देखते हुए या तो बुरा-भला कहना या तलवार के घाट उतार देना। यह कौन सा सबूत है? इसी तरह, कुरान 41-53 के अनुसार अल्लाह ने लोगों को स्वतंत्र बुद्धि दी है जिस से वे अपने धर्म का चयन कर सकें। लेकिन कुरान 2-7 के अनुसार अल्लाह ने लोगों का हृदय जकड़ दिया है जिस से वे कुछ नहीं कर सकते। ये दोनों आयतें अंतर्विरोधी हैं।

छठे, जिन आयतों को बाद में 'शैतानी' कह कर मुहम्मद ने खारिज किया था (कुरान, 53-20, 21 के बीच में वे आयतें थीं), वह मुहम्मद से गलती होने का खुला सबूत है। एक गलती प्रमाण है कि उस के अलावा भी गलतियाँ रही हो सकती हैं। फिर, बाद में मंसूख, निरस्त की गई आयतें, एक ही विषय पर 'उस से अच्छी' आयतें, और अल्लाह की टिप्पणी (कुरान, 2-106), आदि खुद मानती हैं कि पहले वाली आयतें उतनी अच्छी नहीं थीं। तभी तो बाद वाली आयतों के 'और अच्छे' होने की दलील दी गई। जानकारों के अनुसार, कुरान में कुल 564 आयतें मंसूख की गई बताई जाती हैं (पृ. 170)। अतः अल्लाह का संदेश भेजना और/अथवा मुहम्मद का सुनना, कहना त्रुटिहीन नहीं था। तब कुरान और मुहम्मद को त्रुटिहीन कैसे कहा जा सकता है?

इन सब के मद्देनजर भी अल्लाह के होने, और उस की सर्वशक्तिमानता पर संदेह होता है। हैरिस के हिसाब से अल्लाह सीधे मनुष्यों से संवाद नहीं कर सकता, सो अपना प्रोफेट भेजता है। वह प्रोफेट सदैव जिन्दा नहीं रहेगा, सो वह एक किताब छोड़ जाता है। वह किताब बार-बार विकृत या उस की नई-नई व्याख्या होती है। अतः अल्लाह के संदेश के कई अर्थ बन जाते हैं। विविध ईमाम, मौलाना अपनी-अपनी व्याख्या को 'अल्लाह का असली संदेश' कहते हैं। यह देखते हुए तो आज मनुष्यों ने बेहतर काम कर दिखाया जिन के बनाए सॉफ्टवेयर हू-ब-हू संदेश रिकॉर्ड करते हैं जो शायद ही विकृत होते हैं।

फिर, प्रोफेट मुहम्मद के क्रिया-कलापों के भंडार में अनेक बातों की लीपा-पोती की जाती है। इतिहास में किसी मनुष्य के बारे में इतनी जानकारियाँ उपलब्ध नहीं हैं, जितनी मुहम्मद के बारे में। वे कैसे सोते थे, किस पैर में जूता पहले डालते थे, कैसे इत्र लगाते थे, किस चीज पर क्या राय रखते थे, आदि आदि। मुहम्मद के कार्यों में बहुतेरी ऐसी हैं जिन्हें उस समय भी सब ने उचित

नहीं माना था। आज भी उन बातों को नजरअंदाज करने या औचित्य दिखाने के लिए तरह-तरह की बौद्धिक कलाबाजी होती है। जैसे, किसी के साथ समझौता मनमर्जी तोड़ देना; अपनी राह जा रहे काफिले को लूट लेना; निःशस्त्र असहाय लोगों का सामूहिक कत्ल करना; किसी को क्रूर यातना देकर मारना; धोखे से किसी को खत्म करवाना; हराए गए लोगों की बीवियों के साथ उन के सामने ही बलात्कार को नजरअंदाज करना; ऐसे बलात्कारों से उत्पन्न अवैध सन्तानों के भवितव्य पर कुछ न कहना; काबा के शान्ति-क्षेत्र होने के पुराने पारंपरिक नियम का उल्लंघन करना; स्त्रियों पर पुरुषों के मनमाने वर्चस्व का कायदा बनाना; आदि। ये सब प्रोफेट मुहम्मद की जीवनी और सब से प्रमाणिक हदीसों में दर्ज हैं। कई बातें अनेक बार दुहराई मिलती हैं। इन में कितनी बातों से मानवता के लिए सदा-सर्वदा अनुकरणीय सर्वश्रेष्ठ पुरुष की छवि पुष्ट होती है?

पुस्तक का एक अत्यंत प्रासंगिक अध्याय 'इस्लामोफोबिया' पर है (पृ. 184-94)। यह शब्द आज पूरे लोकतांत्रिक विश्व में मंत्र-सा रटा जाता है, लेकिन पूर्णतः गलत है। 'फोबिया' ऐसे भय को कहते हैं जो किसी भ्रम से होता हो। जैसे, किसी को पानी से या अंधेरे से डर लगे। लेकिन इस्लाम से भय तो वास्तविक है! दुनिया के कोने-कोने में जिहादी कुरान का नाम ले-लेकर धोखे से हमला कर सैकड़ों, हजारों की जान लेते रहते हैं। किसी जाँच में अपवाद नहीं मिला कि इस्लामी विश्वास और कुरान केवल बहाना था, असली मकसद कुछ और था। बड़े-बड़े जिहादी नेताओं ने खुद चिट्ठी या दस्तावेज प्रकाशित करके केवल इस्लामी विश्वासों की बात की है। फिर, असंख्य इस्लामी संस्थाएं, संगठन दुनिया से काफिरों को मिटा कर खालिस इस्लामी राज बनाने की घोषणा करते हैं। यही शिक्षा अपने हजारों मदरसों में देते हैं। तालिबान और इस्लामी स्टेट ने आज भी पुरानी सांस्कृतिक धरोहरों को वैसे ही नष्ट किया, जैसे सदियों पहले गजनवियों, खिलजियों, मुगलों ने किया था। स्त्रियाँ उसी तरह वस्तु की तरह उठाई, रौंदी जाती हैं, जो इस्लामी इतिहास में शुरू से मिलता है।

तब इस्लाम से भय को 'फोबिया' कैसे कहा जा सकता है? यह तो मानवता के लिए सचमुच डर का विषय है। कई मुस्लिम देशों में भी मुस्लिम ब्रदरहुड, अल कायदा, तबलीगी जमात, जैसे इस्लामी संगठन प्रतिबंधित हैं। किसी भी स्त्री को इस्लाम से डर लगेगा! मारने-पीटने के निर्देश और स्त्रियों के प्रति व्यवहार के विवरण मूल इस्लामी किताबों में हैं। उसे इस्लामी शासक या मौलाना आज भी लागू करते हैं। अतः किसी स्त्री को इस्लाम से डर न

लगना ही अस्वाभाविक बात होगी। बशर्ते, वह इस्लामी सिद्धांत और इतिहास जानती हो। इसी प्रकार, इस्लाम छोड़ने वाले मुलहिदों, और मुनाफिकों को भी डर लगेगा। क्योंकि इस्लाम उन्हें मार डालने का हुक्म देता है। काफिरों को तो डरना ही है क्योंकि इस्लाम का उद्देश्य ही उन्हें खत्म करना है। इसलिए, 'इस्लामोफोबिया' एक गलत दलील है, जिस की आड़ में इस्लाम पर विचार-विमर्श को बाधित किया जाता है।

दरअसल 'इस्लामोफोबिया' एक झूठा शब्द है, जिसे अनजान लोगों को बरगलाने के लिए गढ़ा गया। अनजान लोगों में असंख्य भले मुसलमान भी हैं जिन्हें झूठी बातों से गैर-मुसलमानों के विरुद्ध भड़काया जाता है। भारत-पाकिस्तान इस के प्रत्यक्ष उदाहरण हैं, जहाँ पिछले सौ साल से हिन्दुओं का भयावह संहार होता रहा है। पिछले 75 सालों में लगभग आधा भारतवर्ष हिन्दुओं से खाली कराया जा चुका। बचे भारत में भी निरंतर जिहाद चल रहा है। फिर भी, दोनों देशों में मुसलमानों को विविध प्रकार की झूठी बातों से हिन्दुओं के विरुद्ध शिकायतों से भरा जाता है। इस में सबसे बड़ा कारण वह अज्ञान है, जिस में आम मुसलमान डूबे हुए हैं।

इस का एक उदाहरण हैरिस की पुस्तक में है (पृ. 187-88)। कुछ पहले प्यू रिसर्च सेंटर ने पाकिस्तानियों के सर्वे में पाया कि 84% मुसलमान शरीयत के पक्ष में हैं। लेकिन जो पार्टियाँ शरीयत सचमुच लागू करना चाहती हैं, उन्हें 5 या 7% से अधिक वोट नहीं मिलते। क्योंकि आम मुसलमानों ने शरीयत का अपना खयाली अर्थ बनाया हुआ है। जब पक्की इस्लामी पार्टियाँ उन्हें शरीयत बताती हैं, तो उन्हें 'कट्टरपंथी' कहकर अधिकांश पाकिस्तानी दूर रहते हैं। सर्वे में मात्र 9% पाकिस्तानी लोग इस्लामी स्टेट के समर्थक मिले, जो सचमुच इस्लाम को हू-ब-हू लागू कर रहा था। वह भी उसे अपने शब्दों में 'प्रोफेट मेथडोलॉजी' से। यानी जैसा प्रोफेट मुहम्मद ने किया था। लेकिन 28% पाकिस्तानी इस्लामी स्टेट के विरुद्ध थे, और 62% पाकिस्तानी इस से अनभिज्ञ थे कि इस्लामी स्टेट सचमुच इस्लामी है या नहीं। इसी प्रकार, 72% पाकिस्तानी तालिबान के विरोधी मिले। जबकि तालिबान प्रोफेट मुहम्मद के पक्के इस्लाम की तुलना में नरम ही है। यही स्थिति इंडोनेशिया में मिली जहाँ 72% लोग शरीयत के पक्षधर हैं, मगर केवल 4% ने इस्लामी स्टेट का समर्थन किया था।

यह विडंबना समझने की है। यदि आप इस्लाम के पक्के समर्थक हैं तो आपको इस्लामी स्टेट जैसी सरकार ही चुननी होगी। लेकिन आम मुसलमान, विशेषकर गैर-अरब देशों के मुसलमान पूरी तरह इस्लाम को नहीं जानते।

मौलाना वर्ग उन्हें कटा-छँटा इस्लामी सिद्धांत, और झूठा इतिहास वर्तमान बताकर अपने बस में रखता है। झूठी बातों से उन में शिकायत, नाराजगी और लड़ाकूपन बनाए रखता है। यह सब इस्लामी राजनीति बढ़ाने की रेडीमेड पूँजी-सी इस्तेमाल होती है।

दूसरी ओर, इस्लाम से पूर्णतः अनजान गैर-मुस्लिम लोग उन शिकायतों, नाराजगी के दबाव और सहानुभूतिवश उन्हें सुविधाएं देते जाते हैं। इस तरह, अंततः अपने ही खात्मे का इंतजाम करते हैं। यह उन सभी लोकतांत्रिक देशों में देखा गया है, जहाँ मुस्लिम जनसंख्या एक खास सीमा पार कर गई। वहाँ राष्ट्रीय कानूनों को धता बताकर शरीयत लागू की जाती है। हिंसा, शिकायत और छल की तीन तकनीक से निरंतर इस्लामी दबदबा बढ़ाया जाता है। पश्चिमी देशों में कानून तोड़ने और हर तरह के अपराधों में मुसलमानों का अनुपात बेतरह ऊँचा है। विशेषकर घृणित अपराधों में। इस की प्रतिक्रिया स्वरूप लोगों में 'मुस्लिमफोबिया' बना है, जो अधिक सही शब्द है।

'इस्लामोफोबिया' के बदले 'मुस्लिमफोबिया' इसलिए सही शब्द है, क्योंकि सभी मुसलमान जिहादी या संपूर्ण शरीयत के समर्थक नहीं हैं। हैरिस ने चार प्रकार के मुसलमान पाए हैं : जिहादी, इस्लामी, बेपरवाह, और सेक्यूलर। इन में सबसे बड़ी संख्या बेपरवाहों की है, जो इस्लाम के समर्थक हैं मगर इस की बुरी बातों से लगभग अनजान हैं। सेक्यूलर मुसलमान बहुत कम हैं जो इस्लाम की सचाई जानते हैं और उसे पसंद नहीं करते।

इसलिए, हैरिस का सुझाव है कि बेपरवाह मुसलमानों को इस्लाम की सचाई पूरी तरह जाननी चाहिए, और पक्के इस्लामियों से बहस करनी चाहिए। तभी दुनिया में मिल-जुल कर रहने का माहौल बन सकेगा। ऐसे बहस-विमर्श की एक रूप-रेखा भी उन्होंने दी है (पृ. 195-207)। इस्लामियों की दलीलें लोगों के अज्ञान का फायदा उठाते हुए दी जाती हैं। ताकि संदेहों को किसी तरह खत्म कर उन्हें इस्लामियों का मुखर/मौन समर्थक बनाए रखें। उन से निपटने का उपाय यह है कि मूल इस्लामी किताबों को खुद पढ़ें। वे ज्यादा नहीं हैं। एक हाथ में सारी आ जाएंगी। उन की परख अपने विवेक और वास्तविक घटनाओं से करें। मुल्लों और मुस्लिम नेताओं पर निर्भर न रहें।

वैज्ञानिक विकास के युग में सही सिद्धांत वही है जिसे कसौटी पर कस सकें। ताकि यदि कुछ गलत हो तो दिख जाए। बिना कसौटी के महज 'फेथ' वाली बातों पर सच का सर्टिफिकेट नहीं लग सकता। इस्लाम के धार्मिक रिवाजों, जैसे नमाज, रोजा, हज, आदि पर किसी कसौटी की जरूरत नहीं।

लेकिन राजनीतिक इस्लाम—यानी काफिरों या स्त्रियों के प्रति व्यवहार, जिहाद, शरीयत, कानून, भौतिक तथ्य और इतिहास—इन सब को कसौटी पर परखना होगा। क्योंकि इस्लाम का दावा उन के 'स्थाई सच' होने का है।

लेकिन सच (ट्रुथ) और विश्वास (फेथ) दो अलग-अलग चीजें हैं। धर्म के मामले में फेथ चल सकता है, मगर राजनीति में नहीं। इस के घाल-मेल से ही खुद इस्लामी समाजों में सदैव हिंसा रही है। प्रोफेट मुहम्मद के समय से ही। इसी नाम पर मुसलमान दूसरे मुसलमान को मारते हैं। अधिकांश खलीफा, ईमाम और मुहम्मद के वंश के लोगों की हत्याएं हुईं, जो मुसलमानों ने ही कीं। वही आज भी पाकिस्तान, अफगानिस्तान, सीरिया, यमन, तुर्की, नाइजारिया, आदि अनेकानेक मुस्लिम देशों में हो रहा है। क्योंकि राजनीति और धर्म, दोनों में इस्लामी एकाधिकार का दावा है। जबकि इस्लामी राजनीति शुरू से ही छल-प्रपंच-हिंसा से बनी है। उस में कोई सच नहीं है। केवल मनमानी है।

इसलिए, यह दोष इस्लामी मतवाद में है, जिसे 'कर्स ऑफ गॉड' या 'अल्लाह का अभिशाप' नाम देना गलत नहीं। पिछली 14 सदियों की इस्लामी हिंसा गलत प्रस्थापनाओं पर आधारित है। उस से मुसलमानों को मुक्त होना होगा। चूँकि इस्लाम का बड़ा हिस्सा (कम से कम 86%) राजनीति ही है, इसलिए व्यवहारतः यह इस्लाम से ही मुक्त होने की बात हो जाती है।

इस प्रकार, हैरिस सुलतान एक मुलहिद बनते हैं। उन के अनुसार, अभी मुलहिदों की छोटी संख्या से मायूसी नहीं होनी चाहिए। पाकिस्तान के 19 करोड़ मुसलमानों में केवल 40 लाख सेक्यूलर, नास्तिक, आदि हैं। किन्तु संख्या बढ़ रही है। दूसरे, सच्ची बातों की अपनी ताकत है, जिस के सामने बम-बंदूकें कुछ नहीं कर सकतीं। इसीलिए एक इब्न वराक, एक सलमान रुशदी, तसलीमा नसरीन या वफा सुलतान से सारी दुनिया की मुस्लिम सत्ताएं परेशान हो जाती हैं। आखिर इन लेखकों ने कुछ शब्द ही तो लिखे हैं!

मगर ऐसे सच्चे शब्द, जिन की ताब तमाम मुस्लिम सरकारों और लाखों मदरसों पर शासन करने वाले हजारों आलिम-उलेमा नहीं झेल पाते। अर्थात् जैसे-जैसे सचाई अधिकाधिक मुसलमानों के सामने आएगी, वैसे-वैसे इस्लाम का प्रभाव सिकुड़ेगा। यह गणितीय सच, मैथेमेटिकल सर्टेनिटी है।

इस में काफिर नजरिए से एक बात और जोड़ सकते हैं। बिना किसी दावे, प्रचार या संस्थानों के दुनिया की असंख्य महान पुस्तकें—उपनिषद, महाभारत, रामायण, योगसूत्र, से लेकर बुद्ध, कन्फ्यूशियस, प्लेटो, शेक्सपीयर, टॉल्सटॉय, आइंस्टीन की बातें—दुनिया के लोगों पर स्वतः अपना प्रभाव रखती हैं। उन में

अनेक पुस्तकें इस्लाम से सदियों पहले की हैं। उन्हें 'मनवाने' के लिए किसी जोर-जबर्दस्ती की जरूरत नहीं पड़ती! जबकि किसी सर्वशक्तिमान अल्लाह के स्थाई सच के रूप में कुरान, और मानवता के सर्वोच्च मॉडल के रूप में मुहम्मद को जबरन बनाए रखने के लिए अंतहीन हिंसा होती रही है। दूसरों पर भी और आपस में भी। एकदम शुरू से। कुरान और मुहम्मद की बातों को कभी छिपा कर, कभी झूठी बातें जोड़कर, तरह-तरह से बना-सँवार कर, नई-नई सफाइयाँ दी जाती हैं। क्या ऐसे मतवाद की असलियत हमेशा छिपी रह सकती है?

परिशिष्ट 2

भारतीय विश्वविद्यालयों में धर्म-अध्ययन विभाग बनें

इस पुस्तक के सभी अध्यायों, निबंधों की पृष्ठभूमि में यह अपील सब के विचारार्थ प्रस्तुत की जी रही है। इस पर हाल में वेंडी डोनीजर की पुस्तक द *हिंदूज: एन अल्टरनेटिव हिस्ट्री* (2009) को लेकर हुए विवाद, कानूनी कार्रवाई और उस के प्रकाशक द्वारा पुस्तक को वापस किए जाने के संदर्भ से जोड़ कर भी विचार करना चाहिए।

विनम्र निवेदन है कि हमारे देश, मानवता, हमारी नयी पीढ़ियों की शिक्षा और न्याय-दृष्टि—इन सभी के हित में निम्नलिखित तथ्यों, विन्दुओं और प्रस्ताव पर गंभीरता से विचार होना चाहिए।

1. पश्चिमी विश्वविद्यालयों में 'रिलीजियस स्टडीज' का स्वतंत्र विषय है, जिसके अंतर्गत विभिन्न धर्मों का अध्ययन-अध्यापन-शोध आदि होता है। चूँकि भारत में यह विषय नहीं है, इसलिए अंतर्राष्ट्रीय बौद्धिक, शैक्षिक मंचों पर इस विषय पर भारतीय विद्वान न होते है, न आमंत्रित किए जाते हैं। यहाँ के ज्ञानी संतो, गुरुओं, योगियों को वहाँ इसलिए नहीं बुलाया जाता क्योंकि इन्हें धर्म-प्रचारक जैसा समझा जाता है। जबकि विश्वविद्यालयी कुर्सियों पर आसीन व्यक्ति इस्लाम या ईसाइयत का प्रचारक भी हो, तो उसे आमंत्रित किया जाता है। अकादमिक जगत के इस चलन के कारण भी यह अनिवार्य है कि भारत में धर्म संबंधी अध्ययन को उसी तरह स्थान दिया जाए, जैसे साहित्य, इतिहास, राजनीति, आदि का है। ताकि भारतीय धर्म पर भारत के अपने अकादमिक विद्वान, प्रतिष्ठित प्रवक्ता और समर्थ शोधकर्ता हों। हिंदू धर्म-दर्शन-इतिहास पर विदेशियों का दबदबा कम या खत्म किया जाना चाहिए, नहीं तो एकांगी, दुराग्रही विचारों का बोलबाला बना रहेगा।
2. भारतीय शिक्षा में धर्म-संबंधी अध्ययन विषय की कमी इसलिए और खलने वाली रही है क्योंकि भारत विश्व के उन अनूठे देशों में है, जहाँ अनेक धर्मों के लोग शताब्दियों से रह रहे हैं। यहाँ के मूल

निवासियों, यानी हिंदुओं ने कभी किसी का धार्मिक उत्पीड़न नहीं किया। बल्कि सभी धर्म-मतों का आदर करने की परंपरा यहाँ स्थापित है। इस सत्य को दूसरे धर्मों के लोग भी मानते हैं। अतः ऐसे बहु-धर्मी देश में, जहाँ साथ ही प्राचीन काल से लंबी, अक्षुण्ण ज्ञान-परंपरा भी है, वहाँ तुलनात्मक धर्म अध्ययन का शिक्षण-प्रशिक्षण न होना अपने-आप में लज्जास्पद है। इसे दुनिया के दूसरे देशों के अवलोकनकर्ता हमारी अयोग्यता समझते हैं, जिसे अपने पर विश्वास नहीं।

3. यह अयोग्यता वाली बात इस से भी झलकती है कि लंबे समय से हम विदेशी यहूदी, ईसाई, विद्वानों द्वारा हिंदू धर्म, इतिहास, देवी-देवता, रीति-रिवाज, पर्व-त्योहार, आदि की विकृत प्रस्तुतियाँ देख कर भी अनदेखा करते रहे हैं। यह जानते-बूझते होता रहा या अज्ञानवश, हर हाल में यह हमारे चरित्र पर छाया डालता है। कि हममें आत्मसम्मान या/और समझ का अभाव है कि अपनी हँसी उड़ती देख कर भी हम चुप या अनजान हैं।
4. चूँकि दुनिया में धर्म-मत पर आधारित राजनीति, कानून, नीति-निर्माण, संघर्ष और खुली प्रतियोगिता चल रही है, इसलिए हिंदू या भारतीय समुदाय का इस में निरपेक्ष, तटस्थ या उदासीन रहना आत्मघाती भी है। अंतर्राष्ट्रीय राजनीति, कूटनीति और रणनीति में 'डेमोग्राफी' तथा 'डेमोग्राफिक एग्रेशन' जानी-मानी अवधारणाएं हैं। 'होली वार', 'क्रूसेड', 'जिहाद' तथा 'सेक्टेरियन वायोलेंस' कोई अतीत की चीजें नहीं, बल्कि दुनिया के कई कोने में चल रहा वर्तमान संघर्ष है। इस में आज भी सर्वाधिक जानें जा रही हैं। सीरिया, लेबनान, दारफूर, सूडान, अफगानिस्तान, ईराक, पाकिस्तान, बंगला देश, म्यानमार, पूर्वी तिमोर, कश्मीर, चेचेनिया, सिंक्यांग, आदि अनगिनत उदाहरण हमारे सामने हैं। इन सभी स्थानों पर धार्मिक समुदायों, विश्वासों, अधिकारों, विशेषाधिकारों तथा महत्वाकांक्षाओं के लिए हिंसक कार्रवाइयाँ तथा संघर्ष चलते रहे हैं। इसलिए भी जरूरी है कि धर्म, धार्मिक मतवाद, समूह, परंपरा, रीतियाँ आदि संबधी अध्ययन को गंभीरता से लिया जाए। उस के प्रति अज्ञान, अनजानापन हमारे युवाओं के प्रति अक्षम्य अपराध है। क्योंकि यही युवा कल के नीति-निर्माता, शिक्षक और पत्रकार हैं। जिन महत्वपूर्ण विषयों,

बिंदुओं के बारे में वे जानेंगे ही नहीं, न उन्हें बताने वाले कोई अपने स्वदेशी विशेषज्ञ होंगे, उन के बारे में वे सही निर्णय कैसे ले सकेंगे?

5. यदि हम यह नहीं करते हैं, तो सदा पश्चिमी शक्तियों का मुँह जोहते रहेंगे, क्योंकि उधर धर्म अध्ययन संबंधी विषयों का गंभीर शोध, शिक्षण तथा प्रलेखन (डॉक्यूमेंटेशन) होता रहता है। जैसा वेंडी डोनीजर प्रसंग ने दिखाया, रिलीजन इन साउथ एसिया (RISA) जैसी शक्तिशाली, प्रभावशाली संस्था में अमेरिकी-यूरोपीय ईसाइयों, यहूदियों का एकाधिकार है। वे जाने-अनजाने औपनिवेशिक और नस्ली अहंकारवश भी भारतीयों को केवल कुली, याचक, पावक समझते हैं जिन्हें कोई 'ज्ञान दिया जा सकता है' मगर जिन से उस विषय में कोई ज्ञान लेने का सवाल ही नहीं। इस का अर्थ हुआ कि धर्म संबंधी शिक्षा, शोध ही नहीं, उससे संबंधित हर तरह के राजनीतिक, रणनीतिक, अंतर्राष्ट्रीय, कूटनीतिक मामलों में भी हमें उनके द्वारा 'दिए गए' जानकारियों पर ही निर्भर रहना होगा। यह कितना हास्यास्पद और चिंताजनक है और होगा, इस पर भी विचार करना चाहिए।

6. उपर्युक्त बिंदुओं 4 तथा 5 के संदर्भ में हमें सैमुएल हटिंग्टन की विश्व-विख्यात पुस्तक *क्लैश ऑफ सिविलाइजेशंस* (1996) का भी स्मरण—और अध्ययन—करना चाहिए। उस से उपर्युक्त सभी बिंदुओं की महत्ता पुनः पुष्ट हो सकेगी। यह भी कि उस पुस्तक में हटिंग्टन ने हिंदू सभ्यता, हिंदू धर्म तथा भारतीय चिंताओं का आकलन नहीं किया है, और कारण भी बताया कि उन्हें समकालीन संदर्भ में इन बिंदुओं पर भारतीय पक्ष, प्रस्तुति या अकादमिक चर्चा की जानकारी नहीं मिली।

   दूसरे शब्दों में, जो विदेशी विद्वान सभ्यताओं के वर्तमान संघर्ष में भारतीय या हिंदू सभ्यता का आकलन जोड़ना भी चाहता है, तो उसे वह नहीं मिलता। क्योंकि हमारी अकादमियों, विश्वविद्यालयों में ऐसा कोई व्यवस्थित अध्ययन ही नहीं होता! यह स्थिति कितनी आत्म-घाती है, यह उपर्युक्त सभी बिंदुओं के संदर्भ में समझा जाना चाहिए।

7. हिंदू धर्म, तथा तुलनात्मक धर्म-दर्शन और व्यवहार पर भारतीय दृष्टि से सुसंगत विचारों, प्रस्तुतियों, व्याख्याओं तथा जरूरी माँगों का

विश्व-पटल पर न होना अन्य कारणों से भी चिंता की बात है। यह इसी से समझा जा सकता है कि जहाँ ईसाइयत तथा इस्लाम जैसे दूसरे महत्वपूर्ण धर्मों के मानने वाले न केवल संगठित हैं, दर्जनों देशों में शासन करते हैं, तथा वैसे भी पूरी दुनिया में फैले हुए हैं। वहाँ हिंदू धर्म का व्यवहारतः एक ही देश है—भारत। तिस पर इस देश में भी हिंदुओं को 'शासक' नहीं कहा जा सकता (बल्कि एक विचित्र प्रकार के सेक्यूलरिज्म के अंतर्गत यहाँ गैर-हिंदुओं को संवैधानिक, कानूनी तौर पर अधिक अधिकार हैं। संविधान की धारा 25 से 31 तक का प्रावधान, अर्थ, उपयोग तथा दुरुपयोग—सभी से यह स्पष्ट है)। अतः हिंदू धर्म के एक मात्र आश्रय स्थल में भी हिंदू धर्म के औपचारिक, गंभीर अध्ययन-अध्यापन तथा शिक्षण तथा दूसरे धर्म-मतों के तुलनात्मक अध्ययन की कमी का निहितार्थ समझा जाना चाहिए।

8. इस तरह, वास्तव में, **विश्व स्तर पर हिंदू एक अपनी तरह के 'अल्पसंख्यक', अकेले, उपेक्षित समुदाय हैं, जिनके बारे में बलशाली धर्म-मतों के शासकों, प्रचारकों और संगठनकर्ताओं ने जान-बूझ कर और अनजाने भी कई भ्रांतियाँ फैला रखी हैं**। (विश्व-स्तर पर हिंदू अल्पसंख्यक और दुर्बल हैं, यह स्वयं भारत के सचेत मुस्लिम नेता खुल कर बोलते रहे हैं। यह भी उपर्युक्त रखे गए कई बिंदुओं की पुष्टि करता है।) यह भ्रांतियाँ केवल दूसरे देशों और अंतर्राष्ट्रीय स्तर पर ही नहीं, स्वयं भारत में भी उसी सेक्यूलरिज्म के सहारे भारी पैमाने पर, विशेषकर शिक्षित कहलाने वाले हिंदुओं में भी व्याप्त हैं। स्वयं वेंडी डोनीजर प्रसंग इसका सटीक उदाहरण है, जब अनेक भारतीय लेखक, प्रोफेसर और सामाजिक हस्तियाँ वेंडी के लेखन के पक्ष में बोलने लगीं, जबकि उनमें से अधिकांश ने न तो वेंडी की पुस्तक पढ़ी है, न पूरी समस्या से परिचित हैं। कहने का अर्थ यह कि एक भ्रमित, उपेक्षित, शोषित-उत्पीड़ित, अल्पसंख्यक समुदाय के रूप में हिंदुओं को अपने धर्म, परंपरा, संस्कृति, भाषा और इतिहास के प्रति सचेत शिक्षा प्राप्त करना मानवता की दृष्टि से भी अनिवार्य है।
9. ऊपर दिए गए बिंदु 3 और 4 के संदर्भ में यह भी नोट करें कि वेंडी डोनीजर और उनके जैसे RISA विद्वत-संप्रदाय के प्रभाव से भारतीय धर्म, समाज, रीति-रिवाज और परंपराओं के विषय में फैली,

जमी विकृत जानकारियों के कारण अमेरिका-भारत संबंध, यूरोप-भारत संबंध तथा अरब-भारत संबंध भी तरह-तरह की गलतियों और गलतफहमियों के शिकार रहे हैं। इस बिंदु को गंभीरता से समझना जरूरी है। हमारे देश में भले ही नीति-निर्माण विद्वानों, विशेषज्ञों के लेखन, शोध तथा विचारों से अलग, एक संकीर्ण या बने-बनाए, अनिश्चित ढर्रे में चलता हो। किन्तु अमेरिका या महत्वपूर्ण यूरोपीय देशों में ऐसा नहीं है। अतः भारतीय धर्म-समाज-इतिहास के बारे में वेंडी डोनीजर जैसों का लेखन वहाँ के शिक्षण, बौद्धिक जगत में फैल कर अंततः भारत के प्रति उनकी नीतियों को दुष्प्रभावित करता है। इसके अनगिनत ठोस उदाहरण दिए जा सकते हैं कि भारत के बारे में गलत, विकृत जानकारियों के कारण भी अमेरिकी नीति-निर्माता भारत के प्रति अनुचित, अन्यायपूर्ण रुख रखते रहे हैं। अर्थात, उपर्युक्त अधिकांश बिंदु भारत के अंतर्राष्ट्रीय संबंधों को प्रतिकूल प्रभावित करते रहे हैं।

10. उपर बिंदु 9 में दी गई बात इस से भी और अच्छी तरह समझी जा सकती है कि **जो देश, समाज अपने बारे में, अपनी राय को ही मानक (स्टैंडर्ड) मानने का प्रबल आग्रह रखते हैं, उनके प्रति बाहरी दुनिया संवेदनशील और सावधान रहती है**। उदाहरण के लिए, इस्लाम के संदर्भ में मानवाधिकार के अर्थ, व्याख्या आदि को लेकर अरब देशों के आग्रहों के कारण संयुक्त राष्ट्र में, तथा पश्चिमी अकादमिक जगत में उन के प्रति आदरपूर्ण रुख रखा जाता है। इस प्रकार, संयुक्त राष्ट्र मानवाधिकार घोषणापत्र की कई धाराओं को अरब देशों के मामले में लागू नहीं किया जाता। दूसरे शब्दो में, पश्चिमी जगत मानवाधिकार-उल्लंघन के जो पैमाने भारत, रूस या म्यानमार पर लागू करता है, उन्हीं को ईरान, सऊदी अरब या अल्जीरिया में लागू नहीं करता। ऐसा इसीलिए है क्योंकि यह देश अपने देश के धर्म-मत, रीति-रिवाज, इतिहास आदि के बारे में दूसरों को मनमानी व्याख्या करने और फैलाने को स्वीकार नहीं करते। भारत में ठीक उलटा हो गया है। हिंदुओं के लिए अपने बारे में अपनी सम्मति का आग्रह करना ही 'सांप्रदायिकता' कहकर लांछित किया जाता है! वेंडी ने भी यही कह-कहकर अपना बचाव किया है। मगर इस पर हिंदू नामधारी झा, राय, शर्मा, कुमार, वरदराजन, सरदेसाई, आदि साहबान

उलटे वेंडी को सही और राजीव मल्होत्रा या अरुण शौरी को गलत बताते हैं! इस अज्ञानी या/और गंगादीन सिपाही वाली मानसिकता का परिणाम विश्व-पटल पर भारत के प्रति उपेक्षापूर्ण, और फॉर-ग्रांटेड निम्न व्यवहार में होता है, इस बिंदु को परखना चाहिए।

11. इस पर भी विचार करना चाहिए कि भारतीय मनीषा के साथ स्वयं भारत में ही दोहरा अन्याय होता रहा है। एक ओर, वेद, उपनिषद, योग-सूत्र, महाभारत, रामायण, भागवत, योग-वशिष्ठ, नीतिशतक आदि अनगिनत कालजयी ग्रंथों को औपचारिक शिक्षा-प्रणाली से बाहर रखा गया है। इस के पीछे खुला-छिपा तर्क यह रहा कि यह सब 'धार्मिक' पुस्तकें हैं, इसलिए कथित सेक्यूलर, आधुनिक शिक्षा में इनका स्थान नहीं हो सकता। जबकि, दूसरी ओर, रामायण, महाभारत के विवरणों और कथाओं के मनमाने 'अल्टरनेटिव' पाठ करने और फ्रॉयडीय मनोविश्लेषण के नाम पर राम, कृष्ण, हनुमान, गणेश, शिव, काली, पार्वती, आदि प्रातः-स्मरणीय हिंदू देवी-देवताओं, पौराणिक पात्रों, प्रतीकों, पर्व-त्योहारों की खिल्ली भी उड़ाई जाती है। जबकि पूर्णतः ऐतिहासिक और तुलनात्मक रूप से हाल की रचना होने के बावजूद कुरान का कोई 'अल्टरनेटिव' पाठ और फ्रॉयडीय विश्लेषण नहीं किया जाता! इस प्रकार, महान हिंदू ग्रंथों को भारत में न धार्मिक पुस्तकों का सम्मान दिया जाता है, जैसा बाइबिल या कुरान को हासिल है, न उन्हें ज्ञान-ग्रंथ मानकर शिक्षा-प्रणाली और पाठ्यक्रम में स्थान दिया गया है। **स्वंतत्र भारत में होने वाला यह दोहरा अन्याय विदेशी, औपनिवेशिक शासन-काल से भी बदतर है**। क्या इसे बंद नहीं होना चाहिए?

12. यह भी कि हिंदू धर्म जैसे विशद्, ज्ञान-प्रधान और असंख्य महान ग्रंथों, परंपराओं वाले धर्म-विश्वास और मनीषा के प्रति स्वयं अमेरिकी, यूरोपीय विद्यार्थियों को गलत, असंतुलित, एकांगी, मनमानी और अपर्याप्त जानकारी देना उनके लिए भी हानिकारक है। क्योंकि हिंदू धर्म, अब्राहमी अर्थों वाला 'रिलीजन' है ही नहीं। यह तो गणित और भौतिकी के नियमों की तरह सार्वभौमिक जीवन-दर्शन और कर्तव्य-बोध है, जो संपूर्ण मानवता के लिए हितकारी है। योग के संबंध में धीरे-धीरे दुनिया इस का स्वाद चख भी चुकी है। भारतीय अर्थ में 'धर्म' भी वैसी ही सार्वभौमिक थाती है जिसे विकृत रूप में

रिलीजन वाले चश्मे से देखकर दुनिया को गलत जानकारी देना पूरी मानवता का अहित करना है। इसलिए भी, वेंडी डोनीजर जैसे लिखे 'हिंदू इतिहास' को प्रमाणिक, आधिकारिक माना जाना अति दुर्भाग्यपूर्ण है।

13. सभी धर्म-मत के बारे में शिक्षण व विमर्श को मुख्यतः उस मत के मानने वाले विद्वान चलाते हैं। विश्व-मंच पर तथा पश्चिमी विश्वविद्यालयो में यही स्थिति है। भारत में भी इस्लाम संबंधी शिक्षण, प्रशिक्षण तथा कानून, दर्शन, संबंधी सभी आधिकारिक प्रसंगों को इस्लाम-विश्वासी जानकार ही निर्देशित करते हैं। किन्तु हिंदू धर्म, चिंतन, इतिहास आदि को सारी दुनिया में प्रायः विदेशी, यहूदी-ईसाई निर्देशित कर रहे हैं। यहाँ तक कि भारत में भी हिंदू धर्म-इतिहास पर शैक्षिक, बौद्धिक विमर्श को अनुशासित करने वाले हिंदू धर्म से उदासीन/विरोधी तथा वामपंथी विचारधारा से ग्रस्त प्रभावशाली लेखक, प्रोफेसर रहे हैं। यह विषम स्थिति सामान्य न्याय बुद्धि से भी अनुचित है। हिंदू धर्म के भी शैक्षिक वक्ता-प्रवक्ता इस के पालक ही होने चाहिए, आलोचक-निंदक नहीं।
14. चूँकि अभी ऐसा है नहीं, तो इस का लाभ उठाकर संगठित, धर्मांतरणकारी धर्म-मतवादी रणनीतिकार हिंदू धर्म को कमजोर तथा बदनाम करने में लगे रहे हैं। ताकि हिंदू समाज को विखंडित, धर्म-हीन बना कर अंततः उन्हें अपने धर्म-मत में धर्मांतरित कर लिया जाए, अथवा हिंदू धर्म को धीरे-धीरे नष्ट कर दिया जाए। यह कोई काल्पनिक स्थिति नहीं, बल्कि वास्तविक नीति है, जो अंतर्राष्ट्रीय ताकत रखने वाले विभिन्न जाने-माने मिशनरी संगठनों की घोषित योजनाओं में देखी जा सकती है।

इसलिए,

(क) विश्व में सर्वाधिक सच्चे अर्थ में 'अल्पसंख्यक' धर्म, हिंदू धर्म, की रक्षा के लिए, (जिस का व्यवहारतः एक ही देश है। शेष सभी धर्मों के कई देश हैं।)

(ख) भारतीय राज्य-समाज की विशिष्टता और अखंडता, दोनों की रक्षा के लिए,

(ग) अंतर्राष्ट्रीय स्तर पर दूसरे देशों के भारत के साथ संबंधों को स्वस्थ, यथार्थपरक, व सम्मानजनक बनाने के लिए, तथा

(घ) धर्म, दर्शन, इतिहास, आदि के समुचित अध्ययन-अध्यापन एवं शोध के लिए भी भारत में धर्म संबंधी अध्ययन को शिक्षा, शोध के स्वतंत्र विषय के रूप में कॉलेजों, विश्वविद्यालयों में स्थापित किया जाना अविलंब आवश्यक है।

हमारा निवेदन है कि उपर्युक्त सभी कारणों से भारत में धर्म संबंधी अध्ययन का स्वतंत्र विषय सभी कॉलेजों, विश्वविद्यालयों में स्थापित किया जाना चाहिए। ऊपर दिखाई गई अनेक गड़बड़ियों को सुधारने के लिए यह सहयोगी हो सकता है।

यह न केवल हमारे देश के लिए, अपितु संपूर्ण मानवता के हित में होगा। भारतीय धर्म-दर्शन एवं ज्ञान-परंपरा, जो एक-दूसरे से अभिन्न है, वह अपने स्वभाव से ही किसी देश, काल या समूह की सीमाओं से बँधी नहीं है। योग-विज्ञान की वैज्ञानिकता और उसके विश्व-व्यापी उपयोग से इस का अनुमान लगाया जा सकता है। उसी प्रकार, यदि भारतीय प्रतिभाएं अपने देश के बहुमूल्य ज्ञान-भंडार, इस के धर्म-दर्शन एवं महान साहित्य का स्वयं नियमित और सहज अध्ययन, शोध, चिंतन और गहन अवगाहन प्रारंभ करें, तो इस से न केवल भारतवासी, अपितु संपूर्ण विश्व लाभान्वित हो सकेगा।